Susann Klossek

Fatum

Drei Pfade ins Nichts

Road Poems

Songdog

ISBN 978-39504224-8-1

www.songdog.at
Cover-Artwork: Susann Klossek

Inhalt.

Ungarn.

Magyar Rapszódia.

Ich
fühlte mich wie Ungarn:
die meiste Zeit von fremden Eroberern okkupiert
die mir sagen wollten
wo's langgeht
und jetzt
als ich endlich meine Unabhängigkeit errungen hatte
zog ein neuer Imperator ins Land
belagerte mein Herz und meinen Verstand
und wieder gilt es in die Schlacht zu ziehen
Territorien zu verteidigen
Grenzen abzustecken
Grundrechte einzufordern
bilaterale Verhandlungen am runden Tisch
bei denen wir gegenseitig das Vertragsrecht
bis zur Unkenntlichkeit dehnen
obwohl wir die Sache gescheiter
auf dem Tisch verhandeln sollten
nackt
manchmal hilft es mit dem Geschlechtsteil zu denken
wer sich in der 69er-Stellung befindet
kann nicht von hinten erdolcht werden
im Krieg und in der Liebe ist alles erlaubt
in welchem dieser Zustände
befinden wir uns eigentlich?

Dieses
Hotelzimmer in Budapest
erinnert mich an das Zimmer
in unserer ersten gemeinsamen Nacht

diese schmalen, separierten Betten
die sich auseinanderschoben
als wir übereinander herfielen
als gäb's kein Morgen mehr
diese Betten
die sich auch hier auseinanderschieben
selbst wenn man einfach sinnentleert daliegt
allein
als wollten sie mich mit aller Macht
an bessere Zeiten erinnern
nach deiner Abfuhr
diese emotionalen Restriktionen
die du uns auferlegst
als würden die irgendetwas besser machen
außer, dass du es dir statt mit deiner Frau
jetzt mit mir vermasselst
aber sie hat natürlich das Vorkaufsrecht
jeder Mensch braucht ein kleines Geheimnis
und ich war deins
warum zum Teufel hast du's dir nicht bewahrt?
ich war dein heiliger Gral
Gefäß, in das du dich ergießen konntest
dein magisches Trink- und Füllhorn
geweihte Hostie, die dir als Nahrung diente
ich will nicht so weit gehen
mich als Blut Jesu zu bezeichnen
aber mein Anblick schützt vor Alter und Tod
vor Torheit offensichtlich nicht
ich bin mit deinen Ideen schwanger
für eine Abtreibung ist es zu spät
ich verbrenne gerade wie Phönix
und kann nur hoffen

dass ich genügend Kraft besitze
um aus der ganzen Asche wieder aufzuerstehen

Gedichte

von Rimbaud
und Musik von Mozart
lassen mich dich manchmal vergessen
für die paar Minuten
zwischen Anfang und Ende
zwischen Begierde und Bedauern
meistens aber wehst du mir
wie ein Mistralwind durchs Geäst
reißt alles mit
und hinterlässt einen Ort der Verwüstung
heute spielten sie Wolfgangs *Requiem*
in dem selbst der Tod erstrahlt
hinter dem letzten Akkord schrie die Stille
wäre ich in der Lage
einen derartigen Abgesang
auf mich selbst zu verfassen
ich wäre bereits publikumswirksam abgetreten
bedauerlicherweise bin ich
ein durchschnittliches Nichts
das sich durch seine Tage dichtet
und wie ein hungriger Kojote
einsam durch die Prärie streicht
in der Hoffnung
eine Wüstenmaus zur Strecke zu bringen
ich mache also weiter
bis zum Ende

Barocke
Gebäude
da steh ich drauf
mit ihren strammen Säulen
und ihrer sonnigen Fassade
spiegeln sie etwas wider
was meiner Natur sehr nahe kommt
in einem früheren Leben war ich
die Mätresse irgendeines Königs
mit der Kraft
einer einladend ausladenden Balkonbrüstung
und einem soliden, breiten Unterbau
hatte ich das eigentliche Sagen
dessen bin ich mir sicher
die ungarische Oberschicht
und ein paar Japaner
dümpeln im dreißig Grad warmen Thermalwasser
R. hat einen schönen Rücken
so von der Taille abwärts, denke ich
sein Gemächt wird vom Sprudelbad
fürstlich in kontemplative Schwingungen versetzt
jetzt den perlmuttbestückten Revolver ziehn …

Ich
habe keine Lust mehr
an diesem Ort zu Hause zu arbeiten
der Arbeitgeber hat meine Gunst
verwirkt
ein Jahr Großbaustelle
und der Arbeitsinspektor auf zwei Augen blind
dazwischen Fachartikel

zum Fachkräftemangel
immer und immer wieder
wiedergekäut und ausgespien
keine Welle im Teich deren Bewusstseins
ein stinkender Tümpel
ins Nichts integriert
Strandgut der Unmoral
ein Scheißhaufen
zwischen weißen Schlachthoffliesen
mit Asbest zusammengepappt
momentan keine Sofortmaßnahmen erforderlich
freundliche Grüße,
Fachstelle für umweltverträgliches Bauen
ich kümmere mich gleich mal um
Sofortmaßnahmen!
der obrigkeitshörige Mitarbeiter
ist austauschbar
die Lautlosigkeit drückt uns auf den Boden
auf dem das stinkende Brackwasser
zärtlich den Teppich tangiert
98 Presslufthammer-Dezibel
unterstützen den gesunden Büroschlaf
schweißtreibende Leblosigkeit
hinter trüben Bauplanen
wir hätten sie in den leeren
Fahrstuhlschacht schubsen sollen
als noch Gelegenheit dafür war
inzwischen sind sie freigestellt fürs Nichtstun
der größenwahnsinnige Nichtsnutz
und der pedantische Krümelkacker
mit Meisterbrief für Vetternwirtschaft
und sechsmonatiger Zusatzvergütung

ein letztes Schulterklopfen
für hervorragendes Versagen
schlaffwangig verabschieden sie sich
auf ihre Yacht
und neue Führer ziehn ins Land
und ins marode Haus
die Zeit ist ein geloppierendes Schwein
das jeden einholt
ein geringer Trost
das Ziel: abstraktes Irgendwann
zeitloses Vorsichhinwarten
dass irgendjemand aufsteht
und sich auflehnt
gegen diesen Rastplatz der Verlogenheit
gegen die penetranten Verteidiger
des Kadavergehorsams
mir wird schlecht
wenn ich an den nächsten
faltigen Montag denke
der so sicher ist
wie die nächste Steuerprüfung
wieder werden wir Arbeitsbienen
nebeneinandersitzen
und doch sind Welten zwischen uns

Svitag – Wüste
hieß das Gemälde
mit dem angeketteten Hund
der auch ein Wolf sein könnte
und beim Stichwort einsamer Wolf
dachte ich gleich wieder an dich

der du in mir eine Art Wüste hinterlässt
wenn du dich von der Leine losreißt
die ich dir gar nicht umgebunden habe
und übers Laufedaal abhaust
doch da waren auch die Bilder
mit nackten, reifen Brüsten
und ein Frida-Kahlo-Double
das sich zum Kaffee eingeladen hatte
und das Bild mit der Muschel
die wie eine paarungsbereite Möse aussah
oder Jesus
der mal eben vom Kreuz heruntergestiegen ist
auf eine Zigarette
und jenes Bild mit dem Titel
SOMETHING
UNEXPECTED
AND
UNBELIEVABLE
ALWAYS
HAPPENS
all das gab mir Hoffnung
und ich dachte scheißdrauf
scheiß auf dich
und all den Gefühlsquark
und später unter der Dusche
hab ich's mir selbst besorgt
und dabei an deine Finger in meiner Muschi gedacht
und dann habe ich nicht mehr an dich gedacht
mit dem *Station'Air Mirage 1250*
föhnte ich mich trocken

Ich
berausche mich
an einer Spirale exzessiver Liebe
ich bin ein Komet
und du ein Funke auf meinem Schweif
schmachtende Blicke von Engeln
wie eine besessene Hirschkuh
höre ich das Röhren der Konkurrenz
ich habe den Auftrag
dir die Schönheit der Welt zu zeigen
einzige Schwierigkeit: das Sein

Kunst
ist wie Gymnastik am Morgen
Gymnastik macht den Körper geschmeidig
und Kunst den Geist
sie justiert das Hirn neu
die Wahrnehmung von Form und Farbe
sie lehrt uns Schönheit zu erfahren
und Lust
und einen Sinn
für Sehnsucht und Schmerz
zu entwickeln
ohne Kunst wären wir
ein armseliger Haufen
verlorener Barbaren
leider spielt Kunst
nach den Regeln des Marktes
und zerstört sich zunehmend
die Seele damit

doch letztlich findet sie immer ans Licht
egal wie schlecht der Boden bestellt ist

Von

Tieren zu träumen ist immer gut, sagte R.
als ich ihm von meinem Traum
in der Nachmittagshitze
auf der Margareteninsel erzählte
von den Hunden, die aus purer Freude
das steile, steinerne Donauufer herunterrutschten
in den Fluss hinein
während ihre Menschen zusahen und hechelten
dieser riesige, lustige, schwarze Pudel
und der überdimensionale Braunbär
der mit einem unglaublichen Köpfer ins Wasser abtauchte
und als Elefant die Böschung wieder raufstieg
majestätisch und in sich ruhend
als könnte ihm nichts und niemand etwas anhaben
ein seltsamer Traum – alle waren unbeschwert und frei
wie ich mich bei dir fühlte
aber nicht mal im Traum hielt das länger
als einen halben Nachmittag an

Er

hoffte
nie in meinen Texten vorzukommen
aber so war das nun mal
wenn man sich mit mir einließ:
Glück und Desaster
Strafe und Ehre zugleich

Ich
möchte die Vergangenheit
hinter mir lassen
wie ein Nomadenzelt
das in einer stürmischen Nacht
in der mongolischen Weite
davongetragen wird
ich möchte neu anfangen
ohne den Schmerz des gestrigen Scheiterns
mit mir herumzuschleppen
ich bin am Leben
in diesem Moment
ungeachtet der vielen Tode
die ich schon starb
und noch sterben werde
wahrscheinlich muss ich mich
von dir befreien
doch vor allem von mir selbst

Im
Zug hinter Budapest
weitet sich das Land
Stromkabel
von einem Ende des Horizonts
zum anderen
die Fenster sind weit geöffnet
der Kopf im Fahrtwind
zerzaustes Haar
zerzauste Gedanken
Geruch von Teer
und Zuversicht

reisen wie in frühen Tagen
zum Rhythmus der alten Lok
die sich wie ein Tier
behäbig über glänzende Gleise schiebt
und übermütig über Weichen hüpft
Pfirsichgärten und Ziegeldächer
abgeblätterte Fassaden
alles fliegt vorbei
ein innerer und ein äußerer Film
Kornfelder in Schieflage
vom letzten Gewitter niedergepeitscht
der Schaffner kritzelt
seine Initialen auf die Fahrkarte
als würde er Autogramme verteilen
ich stehe im erfrischenden Luftzug
Kinder winken hinter Zäunen
Licht, das sie lieblich umschmeichelt
unterwegs sein ist alles
wenn dich etwas bewegt
bewegt sich auch etwas in dir
schöne Stunden der Rückbesinnung
des Schweigens
im Rattern des Zuges
versuche ich dem Ur-Rhythmus
näherzukommen
Schlüssel zu meinem Wesen
Rechtfertigung für mein Leben
R.'s Körper wirft Schatten
in denen ich mich ausruhe
die Welt öffnet sich
und wie mit einem Schmetterlingsrüssel
sauge ich das Leben ein

Draußen
kühlt es ab
und ich verbrenne innerlich
bei 39 Grad im Schatten meiner selbst
Fieber zwingt dich ins Jetzt
du bist nur auf eine Sache konzentriert:
diesen Zustand mit aller Macht
zu beenden
all deine anderen lächerlichen Probleme
rücken ins Dunkel
und du wünschst dir nichts mehr
als wieder wohltemperiert zu sein
du wirst auch ein bisschen weinerlich
weil du dich plötzlich so allein fühlst
und meistens bist du das auch
was dir aber nichts ausmacht
und du denkst an all die da draußen
denen es viel beschissener geht
und du fragst dich
warum zum Henker
muss ich jetzt hier ein Gedicht draus machen?
und dann wirfst du wieder was ein
und denkst: leckt mich doch alle
in der Hitze meines inneren Gefechts
gehört die Nachrichtenverbreitung dazu
und wer weiß
es besteht noch immer die Möglichkeit
aus unerfindlichen Gründen
heute Nacht zu verrecken
so hast du wenigstens noch ein paar
famous last words
hinterlassen

Das
Glück ist rar
die Liebe verirrt sich
im Labyrinth der Unendlichkeit
das Leben ist ein Zufall
der den Bestimmungen
zuwiderläuft

Wie
bei der Schlacht von Székesfehérvár
hinterließen wir ein Feld der Verwüstung
wenn auch nur auf der Käseplatte
schau mal, sagte R., *am Nebentisch, ein Schriftsteller!*
ich hatte so meine Zweifel
er las die *Blue Ocean Strategy*
wahrscheinlich wollte er
in unberührte Märkte eintauchen
nichts für uns also
wir waren klar gesättigt
und: nicht jeder
der einen Stift halten kann
ist ein Schriftsteller

Schreib
doch mal einen Song für mich, sagte sie
dann tue ich für dich alles, was du willst
aber ich weiß doch gar nicht, was ich will, sagte er
oder besser, ich will so viel
so viele Songs könnte ich gar nicht schreiben
um dieses *alles* zu verdienen

dann schreib doch was ganz Kurzes, Einfaches, sagte sie
nichts ist einfach, antwortet er
und schrieb den Abgesang

Der
Geruch von heißem Teer
der kurz davor ist
den Aggregatzustand zu wechseln
diese bleierne Stille in der Nachmittagssonne
die nur das stotternde Referat
eines Spechtes durchbricht
glitzernder Asphalt
über dem es beängstigend flimmert
als stünde man über einem riesigen Gasleck
das ist Sommer, der einlädt
sich in staubigen Kornfeldern
niederzulassen
in den Himmel zu starren
an dem höchstens ein paar Schäfchenwolken
träge dahinschippern
nichts ist nötig
und alles in möglich

Großer
Gott, deine Renitenz!
Renitenz aus Feigheit geboren
die mich aufhält und in Wut mündet
die verdrängt wird
zu Gefühlen, die sich stauen
und zu Schmerz werden

Schmerz, der sich in Schwäche äußert
Schwäche, die mich klein hält
und zu Renitenz wird
ich weiß um die Lächerlichkeit meiner Rebellion
weißt du um deine?

Priscilla
und Robert P. Govern
aus Houston, Texas
wussten während der Fahrt auf der Donau
nicht so recht wie umzugehen mit Menschen
eines ehemaligen kommunistischen Staates
glücklicherweise hatte das Land in letzter Zeit
einen angenehmen Rechtsrutsch erfahren
freilich kein Vergleich zur Tea Party
aber immerhin ein Anfang
die alte Dame mit schlohweißem Haar
und der tätowierten Nummer auf dem Arm
lächelte milde
sie hatte schon ganz andere
Arschlöcher überlebt!

In
einem alten Buch fand ich
ein Kalenderblatt
mit einem nackten Romeo
mein Gott
wo sind sie hin
die Zeiten
als mich ein entblößter Adonis

noch in Wallungen versetzte?
Zeig mal, sagte R., *1992?*
Will nicht wissen, wie der heute aussieht!
Hüngerchen?
ob in der Revolution
oder in der Liebe
es kommt die Zeit
in der das Fressen Vorrang hat

Die
Statue von Béla Bartók
erinnerte mich an mein Kindheitstrauma:
Etüden Etüden Etüden
egal welches Kind
egal in welchem Land
egal mit welchem Instrument
an Bartóks Scheißetüden
war kein Vorbeikommen
ich kenne keinen
der das nicht gehasst hätte
vielleicht bilden sie ja den Grundstein
für große Musikerkarrieren
bei mir ist da allerdings
gründlich was in die Hose gegangen

Irgendwo
am Ufer eine Akustikgitarre
leichter Jazz verflüchtigt sich auf dem See
ein Hauch von Freiheit
der uns streift

wie eine versehentliche Kollision
mit einer Pusteblume
im einzigen deutschen Sender
suchen sie die Entführer eines Milliardärssohns
weil die Alten zu gierig waren
muss der Sprössling jetzt dran glauben
da kann man ja fast froh sein
wenn man zur gemäßigten Mittelschicht zählt
bei uns ist alles so mittel und mäßig
immer schön durch und Schnitt
immer schön auf Kurs
auch wenn der nirgends hinführt
gemäßigtes Klima auf dem Mittelweg
in die Mittelmäßigkeit
Kind! Mäßige dich!
der Zweck heiligt nicht die Mittel
in der Mitte liegt die Wahrheit
aber Grundgütiger!
die will doch keiner hörn
ich gieße mir nach
Alkoholgehalt 4,5% vol
also nichts Halbes und nichts Ganzes
Wie wollen Sie Ihr Fleisch?, fragte der Kellner heute
Na so mittel

Deine

Komposition
die du mir schicktest
hatte etwas von einer Urgewalt
da musste was raus
und hat sich über die Tasten

des Klaviers ergossen
expressiv
archaisch
wild
und
wolfig
mit einem Hauch verspielter Hund
du schlägst das Instrument
liebevoll aber bestimmt
und schreist dir was von der Seele
du kannst noch so betonen
das sei keine Antwort auf meine Worte
aber ich verstehe
verstehe alles
deine Geheimsprache ist die Musik
seltsamerweise kam mir
Wagner in den Sinn
der alte Schnorrer und Schwerenöter
lange verstand ich seine Musik nicht
aber letztlich geht es immer um
Liebe
um die Abartigkeit der Liebe
verboten, tief und zerstörerisch
und es geht um Sex
immer wieder Sex
dreckig
inzestuös
doch
ehrlich
voller schmerzlicher Hingabe und Leidenschaft
ein Orgasmus in Noten verpackt
könnten wir doch alle Leidenschaft

aus unserem Leben verbannen
dann wäre manches einfacher
aber wer will es schon einfach?
ich stelle mir deinen Blick vor
der so oft auf mir haftete
ein unsteter Blick eines Mannes
der noch eine Kugel im Lauf hat

Manchmal
hievt man sich
morgens aus dem Bett
und weiß genau
dass man etwas tun muss
etwas Wichtiges, dringend
das keinen Aufschub duldet
du spürst es in den Eingeweiden
doch kannst mit der Erkenntnis nichts anfangen
und während du mit einem Gefühl
innerer Aufmüpfigkeit
absurde Pläne schmiedest
befindest du dich schon auf demselben
ausgelatschten Pfad wie jeden Tag
wir fressen Staub
und kratzen uns am Kopf
wie ahnungslose Idioten
selbst Ekel zu empfinden
ist furchtbar anstrengend
hilflos verrichtet man seine Tätigkeiten
ohne Scham, das ist vorbei
und in einem unbedachten Moment
wird man plötzlich alt

am Abend öffnest du dein erstes Bier
während sie Bilder von ertrunkenen Flüchtlingen zeigen
ein schwacher Trost
nicht einer von denen zu sein
man sollte etwas tun
denkst du noch
bevor du dich auf die Seite rollst und hoffst
dass sich am nächsten Tag
nicht Gleiches wiederholt

Es

ist doch so: entweder ist das
was man tut
brotlos
oder
sinnlos
beides zusammen
kommt selten
Arbeit ist das halbe Leben
sagt irgendein Schlaumeier
Genau! Das halbe!

Ich

habe Sand in der Arschspalte
von den Un-Tiefen des Balatons
ein See, so platt wie die Argumente
der Mehrheit der Weltbevölkerung
(es lebe die Plattitüde!)
H. schreibt von einer Gehirnerschütterung
zugezogen bei einem Wischmop-Ausrutscher

das Ausrutschen an sich kann jedem passieren
manch einer ist gar ein Ausrutscher in Persona
aber auf einem Wischmop!
wollte er putzen oder ist das ein Fetisch?
wahrscheinlich war der Dichter dicht
immerhin: die Diagnose ist ein klares Zeichen dafür
dass er ein Hirn besitzt
kann auch nicht jeder von sich behaupten
B. vögelt unterdessen eine 22-Jährige
dabei wollte er das nach dem letzten großen Schmerz
nie wieder tun: sich verlieben und all den Dreck
alles fängt immer wieder von vorne an
als wüssten wir's nicht besser
heute schwören wir allem ab
um morgen in die Falle zu tappen
die wir gestern selbst gelegt haben

Sag mal
fehlt es mir nicht ein bisschen
an Präsenz auf der Bühne?
Oh ja, man spürt, dass es dich ankotzt
aber da bildest du ja
mit der Audienz einen Konsens

Die
Landstraße ist staubig
ein letzter Trabant
knattert über Schlaglöcher
am Straßenrand ein Plakat
SORRY FOR OUR PRIME MINISTER!

der hält das Land reinrassig
junge Männer adrett gekleidet
mit streng gescheitelten Stahlhelmfrisuren
die Mädchen als stünden sie
in den Startlöchern
für die Edelprostitution
vor dem Hauptbahnhof Budapest
gestrandete Flüchtlinge
ohne Rechte
ohne Liebe
und trotzdem voller Hoffnung
Aggression zum Pflücken reif
Ungarn! Wohin gehst du?
die Nacht um uns
gerollter Stacheldraht

Ist
dir schon mal aufgefallen, fragte R.
dass viele ungarische Männer
eine Fuchsfresse haben?
und in der Tat glichen ihre kurze gedrungene Nase
und ihr verschlagenes Grinsen jenem Gesichtsausdruck
der einer Fuchsschnauze innewohnt
wenn er seinem Jäger mit List entkommen ist
man konnte nicht behaupten
dass ich große Lust auf die Fuchsjagd verspürte
trotzdem konnte ich dieser Spezies
eine gewisse Attraktivität nicht absprechen
allerdings zu wenig
um das Rohr meiner Flinte zu putzen
während die Füchse das Ufer entlangstrichen

nahm schräg hinter mir
ein österreichischer Bräunling Position ein
eine Mischung aus kalifornischem Gouverneur a. D.
und Zuhälter im 2. Bezirk* in Wien

**hoit di goschn, des stimmt jo ned*
in Wean is des ois vastraht!
schallts aus dem Wiener Off

aber wahrscheinlich ist er nur Versicherungsvertreter
bei der Grazer Wechselseitigen
während er seine Muskeln spielen ließ
unterzog er mit stierem Blick und starrem Lächeln
die vorbeiwippenden Gesäße
seinem geprüften Verwalterblick
er schien eine innere Strichliste zu führen
welche Akten er heute Nacht
noch abzuarbeiten hatte
glücklicherweise zählte ich nicht dazu
mein Hintern entspricht keiner DIN-Norm

Der
See liegt still im Abendrot
wie eine Mondsüchtige sitze ich am Ufer
ein Missgeschick jagt das nächste
ich werfe mich dem Leben zu Füßen
bin bereit für die große Metamorphose
trotzdem geht alles immer
irgendwie so weiter wie bisher
mir ist nicht entgangen

dass ich den Gegenstand meiner Suche
niemals finden werde
dennoch gebe ich die Suche nie auf
denn bei der Abwesenheit des einen
verkümmert auch das andere
man muss dem Kleinmut ein Ende setzen
und man darf die Suche
nach der Einheit von Schönheit und Wahrheit
niemals aufgeben
alles andere
spielt dem Tod nur in die Hände

Ossi-Talk

im seichten Wasser:
Meenste, dass där Frisör schwul is?
Wees nich, heude früh hattr ne Frau
mitm kleenen Gind gegüsst
wobeisch nadürlisch nisch wees
ob das seins war
gloob schon, dass där schwul is
Frisöre sin doch meistens schwul
Mami, was is schwul?
Nüscht!
Obwohlsch nüscht dergegen hab
wenn eener schwul is
die ham wenischtns Sinn für Äsdädig
das kann mer von de Heteros ja nich
unbedingt behauptn

Die
Zeit fließt schwerelos
die Nacht
ist ein uneingelöstes Versprechen
in schwarze Watte gehüllt
dein Blick haftet an meinen Augen
sieht durch mich hindurch
flattert davon
Mühlräder mahlen hinter deiner blassen Stirn
Gedanken, die zerbröseln
armes, kleines Baby
ich möchte dich in den Arm nehmen
dich heimelig in den Schlaf wiegen
vor dem du so viel Angst hast
Träume, die dich wegspülen
Zeit splittert
ich sehe eine zaghafte Sonne
die sich durch Dunstschleier quält
zwischen uns
sinnliche Ungewissheit

In
einer tropisch-heißen Nacht am Balaton
saß ein Paar mittleren Alters
schweißgebadet in einer Bar
in ihrem Blut schwappten überzuckerte Mojitos
ein Zustand, der sie kurz
in kubanischen Erinnerungen schwelgen ließ
als ein unsäglicher Alleinunterhalter
Sun of Jamaica
in die Tasten schmetterte

versuchte *er* seine brasilianischen Liebhaber
chronologisch zu ordnen
während *sie* voller Wehmut
an die Zunge ihres Geliebten dachte
die noch vor kurzem
in all ihren Körperöffnungen gesteckt hatte
von außen betrachtet gaben sie
ein ganz normales Paar ab
aber wie immer trog der Schein
als *Love Is in the Air* erklang
beschlossen sie ins Bett zu gehen
natürlich nicht miteinander

Viele
Menschen lauern permanent
auf Beobachtungsposten
sehen aber nichts
alles hängt von Zufällen ab
wenn man sich in das Leben
anderer hineindrängt
selbst wenn das aus Liebe geschieht
zerstört man es meistens
und übt zu allem Übel
auch noch Verrat an sich selbst
wie eine Nutte die vergeblich
auf jenen Freier wartet
der sie aus ihrer Misere rauskauft
jeder nutzt jemanden aus
jeder wird ausgenutzt
ich sollte besser allein bleiben
solange man keine Kampfdrohne bedient

richtet man aus der Distanz
einfach weniger Schaden an

Früher
oder später
gerät jeder Mann in eine Krise
die einen springen Fallschirm
die anderen auf die Sekretärin
deine Krisen werden zu Gedichten
die mich befreien
du bist der Auslöser
für Ausbruchsgedanken
Feuchtigkeit für die Erde
in der ich stecke
kann man gleichzeitig
Wurzeln und Flügel haben?
du bist die Summe aller Möglichkeiten
die, die man wahrnimmt
und die, die man ein für alle Mal verpasst
der Himmel ist heute offen
aber ich renne lieber verschlossene Türen ein
Glück kann nur empfinden
wer um das Unglück weiß
es gibt zwei Millionen Arten ab-
aber nur eine wieder aufzutauchen
manchmal wurde man vermisst
und manchmal fragen sie dich
wer zum Teufel du bist
in beiden Fällen gibst du Anlass zu Spekulationen
nichts verwirrt die Leute mehr
als keinen Durchblick zu haben

erst wenn sich zwei wortlos verstehen
und dieses endlose Sich-erklären-Müssen aufhört
fängt etwas an
das man als Freiheit bezeichnen könnte
ich bin das Fenster
von dem aus ich dich im Blick habe
laufen musst du schon selbst

Kürzlich
schaute ich dir nach
wie du gehst
dieser Gang
halb flüchtend
halb auf mich zu
obwohl ich halbe Sachen hasse
halbe Sachen sind der Anfang vom Ende
aber bei dir mache ich eine Ausnahme
die Vorstellung vom Anblick großer Wolkenschiffe
stimmt mich milde
fast heiter
es besteht die Möglichkeit
dass wir beide in so ein Ding einsteigen
und einfach davonsegeln
freie Sicht bis zum Horizont
dort, wo die Welt zu Ende ist
und man von der Scheibe runterkippt
in die nächste Dimension
ich finde bei dir kostbare Kleinigkeiten im Unbedeutenden
die ich in einer brokatbesetzten Schatulle sammle
wie ich schöne Momente sammle
in denen wir uns einig sind

und plötzlich alles passieren kann
gute Zeiten machen leichtsinnig
du schreibst den Hit des Sommers
mit dessen Klängen ich
wie ein leichtflügeliger Sommervogel davonschwebe
kontemplative Leichtigkeit
die alles Schlechte ausblendet
ich wippe in deinen Schwingungen
Captain of my Heart
ich möchte nur noch Gedichte für dich schreiben
weil es keiner so wert ist wie du
was natürlich übertrieben ist
aber Liebe hat immer was Irreales an sich
dich zu lieben ist die einzige Aufgabe
hinter der ich einen gewissen Sinn ausmache
und diese Aufgabe ist abendfüllend
und ich werde sie mit aller in meiner Macht stehenden
Hingabe erfüllen
das Leben macht nur denen Angst
die sich nicht darauf einlassen
ich habe keine Angst mehr
ich spüre deine Hände auf meinem Gesicht
auch wenn du meilenweit entfernt bist
räumliche Distanzen bestehen nur für physische Körper
unsere Atome umschwirren sich trotzdem
in heiterem Übermut
wir sprechen nicht immer dieselbe Sprache
aber wir haben in unserer Brust einen Simultanübersetzer
ich weiß um deine Grenzen
aber Grenzen sind dazu da eingerissen zu werden
wenn's sein muss betätige ich mich als Rammbock
und jetzt grinst du wahrscheinlich und denkst dir:

Mädchen, du hast gut reden!
und ich sag dir eins: Genau so isses!

Woher
weiß man
dass das, was man begehrt
auch wirklich existiert?
bist du eine Sinnestäuschung?
Kopfgeburt aus gekränkter Eitelkeit?
aufflackernde Hoffnung im Warten?
bin ich die Ur-Fut
vor der du Angst hast
dass sie dich verschlingt
wehrlos macht?
du misstraust meiner Liebe
vielleicht auch dir selbst
und vielleicht hast du mit beidem Recht
Zärtlichkeit rieselt aus meinen Händen
auf dein Gesicht
so schön und vertraut
und von Entscheidungsunfähigkeit zerrissen
kurz vor der Unterspülung
der letzten Bastion

Jeden
Tag fällt ein Stück Mörtel von meiner Fassade
die Wände sind schlecht gemauert
aber gut isoliert
man könnte mich
als allgemeinen Pfusch am Bau bezeichnen

aber bei schlechtem Licht
sehe ich unverschämt gut aus
Muschepupu-Licht
Dämmerung und Nebel
Lichtverhältnisse, die mir schmeicheln
Schatten geht auch noch
nur die Sonne und das Rampenlicht sind der Fassade
nicht zuträglich
für eine ordentliche Kernsanierung
bräuchte ich professionelle Handwerker
aber in Zeiten der digitalen Transformation
findet man die ja höchstens noch virtuell
in einem schlechten Homevideo auf YouPorn

Meditieren

Onanieren
das Rezitieren von Gedichten
alles Tätigkeiten
um sich selbst zu finden
oder
eine gewisse Reputation zu erlangen
wenn man vor sich selbst zugibt
ein Loser zu sein
hat man den ersten Schritt
auf dem langen Fußmarsch
durch die Sahara
getan

Ich
dachte, wir wollten uns amüsieren?,
fragte sie, *trinken, tanzen, lachen*
Momentchen!, knurrte er
während er sich einen Zigarillo anzündete
der Rauch stand wartend vor seinem Gesicht
ich bin gerade dabei
das große Gelächter vorzubereiten
er lehnte sich lässig
in den weißen Riesen-Chill-out-Sessel zurück
dessen Seitenlehnen so hoch waren
dass sie sich wie eine Dreijährige
in einem zu groß geratenen
Kindersitz vorkam
die Drinks sind sicher gepanscht, dachte sie
während sie an den zwei dicken
grünen Plastikhalmen nuckelte
schweigen
schweigen war das
was sie am besten miteinander konnten
und das bedarf wirklich
jahrelanger Übung
und es erfordert unglaublichen Respekt
dem anderen gegenüber
sich nicht gegenseitig
mit Belanglosigkeiten vollzusülzen
sondern entspannt nebeneinander zu sitzen
und einfach die Schnauze zu halten
zufrieden lauschten sie einem stummen
Zwiegespräch mit ihrem Intellekt
währenddessen sie die Blicke
durchs Volk streifen ließen

eine Lawine an Unattraktivität
und Blödsinnigkeit
wälzte sich an ihnen vorbei
farblose Statisten
in einem miesen Bauernschwank
Gleichgültigkeit, die sie fortspülte
Großer Gott, guck dir das bloß an!, sagte er
sie zog an ihrer Djarum Special Cherry
eine Wespe torkelte um ihren Glasrand
hab mich schon lange nicht mehr
so amüsiert, sagte sie
ihr schallendes Gelächter war noch
im nächsten Kaff zu hören

All

die Orte
die ich nicht sah
und all die Plätze
an denen ich achtlos vorbeiging
die Worte
die ich nicht hörte
und die Risiken
die ich nicht einging
zu wenig kopfüber und zu viel Vernunft
zu viel morgen und das Heute vergessen
all die Exzesse und Schweinereien
die ich vermied
Knochen und Herzen
wurden trotzdem gebrochen
viel zu viel Sparflamme
zu viel auf die Arschgeigen

wider die Kompetenz gehört
Bachelorabschluss im Scheitern
sich zu viel versagt
vertagt und anders überlegt
nicht gewagt
viel zu viel Angst
vor Allem
nichts übers Knie gebrochen
keine Scheiße gebaut
nur reingetreten
zu wenig Rückgrat
meist auf die Falschen gesetzt
im Großen und Ganzen alles verwirkt
statt gelebt
mehr so unauffällig dahingeglitten
nie aufs Ganze gegangen
nur so innerlich ausgerastet
und das nicht mal richtig
brav geduckt
genickt
ja gesagt
und Verbote befolgt
mitgeschwommen statt ausgebrochen
irgendwie immer zu spät gewesen
oder zu früh
jedenfalls meistens fehl am Platz
all die verschenkten Lieben
und der dreckige Sex
Dreisatz statt Dreier
regelkonform und bügelgefaltet
oft nach dem Warum gefragt
aber selten Antwort gegeben

sich nicht verweigert
die Dinge nicht nach dem Sinn eingeteilt
unnützes Wissen angehäuft
zu wenig Fragen gestellt
all die Sehnsüchte
denen ich nicht nachging
den Kopf über den Bauch gestellt
mit Inbrunst den Falschen gefolgt
aus Fehlern nicht gelernt
vielmehr wieder begangen
feige gewesen
sich reinreden lassen
manipuliert und kleingekriegt
die Wut verschluckt
selten explodiert
drauf geschissen
doch nur in Gedanken
statt Überholspur meistens Randstreifen
statt 180 Zone 30
auf andere statt auf sich selbst gesetzt
weitergemacht, wo längst Schluss war
ausgeharrt und durchlitten
Geduld geübt
zu wenig gestritten
die Wahrheit viel zu oft verschwiegen
auf Harmonie getrimmt
und nachgegeben
heimlich nur die Faust geballt
statt laut rausgeschrien
»Ich könnt kotzen!« gesagt
aber es nicht getan
Verständnis gezeigt

Arschtritt gekriegt
auf die Liebe gewartet
und dabei um ein Haar verreckt

Menschen

die von trockener Erde
Melonen ernten und Maiskolben brechen
weites, unverbautes Land
auf denen Meere von Sonnenblumen
ihre schweren Köpfe senken
wunderbar eintöniges Landleben
das Brot mit eigener Hände Arbeit verdienen
wie ich mich nach dieser Art Stumpfsinn sehne!
als wäre alles ohne Bedeutung
als strebe man keinem Ziel entgegen
eine Zeitlang mag das tröstlich sein
bis man feststellt
dass auch das ein Irrtum ist
und man reumütig
in sein altes Leben zurückkehrt

Pferde

ich weiß nicht
was ich von Pferden halten soll
ich habe weder Angst vor ihnen
noch begeistern sie mich
in irgendeiner Art und Weise
Pferde sind mir einfach egal
diesen Kleinmädchentraum
von einem Pony hatte ich nie

als ich fünf war
setzten mich meine Eltern zu Fotozwecken
auf einen traurigen weißen Gaul
mein Blick sagte alles!
ich glaube, an diesem Tag
wurde meine Trutzigkeit geboren
Pferde haben auch etwas Feiges an sich
mit ihrer Kraft und ihrem Gewicht
könnten sie den stärksten Mann plattmachen
stattdessen lassen sie sich
von verwöhnten frechen Gören mit Zöpfen
über Ponyhöfe treiben
noch weniger als von Pferden
halte ich nur noch von Menschen
dann, wenn sie diese stolzen Kreaturen brechen
und über Rennstrecken und durch Manegen jagen
und ihnen den Gnadenschuss verpassen
wenn sie keinen taktklaren Gang aufweisen
moderne Sklaven vor Fiaker gespannt und
in Reitschulen zum Exerzieren verdammt
das Glück liegt nicht auf dem Rücken der Pferde
jedenfalls nicht für die Pferde
deren einzige Bestimmung ist es
frei und wild durch die Prärie zu galoppieren
nach dem chinesischen Horoskop
bin ich im Jahr des Pferdes geboren
ein Pferd, auf das keiner setzt

Sein
Herz zu verlieren
ist die beste Art herauszufinden

dass man eins hat
sagen die Chinesen
und die müssen's ja wissen
jetzt, wo sie gerade
die Weltherrschaft übernehmen
das Leben hat einen Sinn
man darf sich nur nicht
in komplizierte Sachen verstricken
heute bin ich dir sehr zugetan
da ist nur reine Liebe
die sich großflächig über dir ausbreitet
und alles
was zwischen zwei Menschen stehen könnte
außer Kraft setzt
ich fahre durchs weite Land der Puszta
und fühle mich ein bisschen wie Piroschka
die Luft flimmert
über frisch geteerten Straßen
es riecht nach Sommer
wie er damals roch
nach dem Staub der Kornfelder
nach Straßenbelag
der in der Sonne schmilzt
Verheißung nach großen Abenteuern
die zu erwarten waren
und dann tatsächlich kamen
wenn auch in anderer Form als erwartet
eins davon bist du
ich weiß, wir stehen erst am Anfang
von etwas, das sich über Konventionen hinwegsetzt
weil auch wir größer werden
größer werden müssen

wenn wir etwas von Bedeutung
hinterlassen wollen
wenn persönliche Befindlichkeiten
nicht mehr wichtig sind
wird plötzlich Platz für wahre Kunst
und nur darauf kommt es an

Du

schriebst mir, dass dir alles zu viel werde
und wie es dich förmlich zerreiße
und ich stellte mir ein aschgraues Wrack vor
einen Schatten seiner selbst
den es galt wieder ins Licht zu holen
und dann standest du kürzlich vor mir
braungebrannt
im halb offenen weißen Hemd
frisch und distanziert
wie Queen Elizabeth bei der Krönung
du klagtest über zu viel Liebe
aber eigentlich sind es die
unausgefickten Wunschträume
und all die Versäumnisse
die dir den Verstand rauben
weil die Zeit anderswann
schon weniger knapp war
mir ist schon klar
die allgemeine Tagesscheiße
wird durch mich nicht besser
aber immerhin parfümiert
ich bin williges Fleisch und Wärme
und bringe Worte gegen die Kälte

komm Baby
schau mir doch mal gerade
in mein andächtig lächelndes Stutengesicht
kann denn Liebe Sünde sein?

Soll
ich deinen Liebhaber mal anrufen
damit er dich wieder bestückt?, fragte R.
der befürchtete
wieder selbst Hand anlegen zu müssen
W. verweigerte sich aus Gründen
die wir beide zu verantworten hatten
ist das scheue Wild erst einmal gestellt
muss es nur noch zielsicher erlegt werden
als Jägerin war ich eine Niete
regelmäßig schoss ich knapp vorbei
ich bin zu plüschig
angeschossen und verletzt
humpelt das Opfer davon
und stellt sich fortan gegen mich

Der
Sommer ist eine weite
sonnenbeschienene Wiese
kleine Mädchen tummeln sich darin
bunte Blumen
kurz bevor sie ihre Knospen öffnen
ich verstehe jeden
der grenzüberschreitende Gedanken hegt
bei so einem Anblick

man möchte unwillkürlich zugreifen
Rasenmäher lärmen
Fliegen tanzen um Kuhärsche
in der schwülstigen Hitze
finden sich seltsame Paare
wo die Liebe hinfällt, sagte R.
meine jedenfalls ist
auf die Schnauze gefallen
und bis dato nicht wieder aufgestanden

Heute

habe ich einen Stein
meines Lieblingsrings verloren
der 9. Stein
der größte
der einzige in rot
der dem Rest aus Türkis, Weiß, Gelb und Lapislazuli
erst eine Daseinsberechtigung verlieh
das Ganze zusammenhielt
wie ein Familienoberhaupt seine Kinderschar
irgendwie hat er jetzt seinen Glanz verloren
diesen Ausdruck von Lebensfreude
ohne die Farbe Rot
ist das alles nur noch ein Einheitsbrei
auf ein Stück Silber gepresst
am Finger einer Frau
die nun keiner mehr liebt

Ich
bin in Fleisch manifestierter Zweifel
ein Meter sechzig angefüllt
mit Fragen und ungläubigen Blicken
in jeder angeblichen Tatsache
schwingt auch immer eine Lüge mit
oder zumindest die Unwissenheit
dass alles eigentlich doch
ganz anders ist
manchmal meine ich zu wissen
wo der Hase langläuft
ohne zu bemerken
dass der Hase in Wirklichkeit
der Igel ist

Während
die Lipizzaner demonstrierten
wie sie lautlos zum Liegen kommen
kopulierte im Hintergrund das Grauvieh
als sei es die letzte Chance zur Arterhaltung
ich fühlte mich ein wenig wie die Czárdásfürstin
die ihre Pferdehirten einer Inspektion
bei der Dressur unterzog
der Wein war kühl und sauer
und floss oben wie Wasser rein
und aus allen Poren wieder raus
Elfriede aus Wiesbaden lallte uns zu
wir waren außerstande
ihrer pálinkagetränkten Konversation zu folgen
fesche Rittmeister ließen die Hetzpeitsche knallen
feuchte Höschen für Masochistinnen

ein Stehgeiger und ein Zimbalon
begannen eine Amour fou
und wir trafen unseren nächsten Verwandten
das Wollschwein
R. verlor seine Brille
und zusehends die Übersicht
Ja, die Puszta fordert ihre Opfer!, sagte er
und verabschiedete sich in die Dauersiesta
das Trinkgeld floss wie der Schweiß
unter dem Maulbeerbaum lauerte die Gefahr

Facebook
sagt: Bitte bestätige deine Identität
verdammt!
ich bin es
und
ich bin es nicht
irgendwann kriegen sie uns alle

Verzweifelt
suchten die Badegäste
den Horizont nach Möglichkeiten ab
Möglichkeiten, die sich nicht einstellten
wir starrten gebannt
auf das grasgrüne Shirt des Animateurs
unter dem wir ein ausgearbeitetes Sixpack
vermuteten, ja erhofften
lustlos warf er
ein paar Kinder durch die Luft
ein Amateur mit schönem Antlitz

der ist bestimmt bi, sagte R.
ein möglicher Umstand
der uns keinen Deut weiterbrachte
später zog er demonstrativ
sein Shirt aus
tausend Blicke klebten an ihm
wie Fliegen an der Honigfalle
gleich Neptun
der durch wogendes Schilfgras glitt
entstieg er dem türkisen Nass
selbst das Wasser schien aufgewühlt
weiches, seidiges Wasser
auf dem sich kräuselnder Schaum bildete
Schaum, der auch vor manchem
Mund zu erkennen war
die blonde Matrone neben uns
winkte ab: *Wahrscheinlich hat er*
einen kleinen Schwanz!

Wenn
die Sonne sattgelb
hinter sanft geschwungenen Hügeln verschwindet
und die Schwalben ihre Runden drehn
dann ist das fast wie in jenem Sommer
als alles möglich schien
nackt baden um Mitternacht
als sich unsere Körper
in diesem lauwarmen Tümpel fanden
unterm dreckigen Vollmond
für eine Nacht
nach der wir uns wieder verloren

alles war neu
und furchtbar aufregend
und das Ende ein inneres Waterloo
jedes Mal dachte ich
ich würde nie wieder lieben können
und jetzt, jetzt liebe ich dich
und ich wünschte
es würde keiner mehr nachkommen

Ich

weiß nicht ob es Sinn macht
dass ich mich für dich aufreibe
ob Liebe allein genügt
um die Kurve zu kriegen?
ich bin ja nicht einmal sicher
ob wir uns noch auf gleichem Kurs befinden
vielleicht ist meine Laune
mondphasenabhängig
vielleicht aber auch davon
ob ich gerade
in deiner Gunst stehe oder nicht
in deinen Ausreden dramatisierst
du einen Tick zu sehr
da muss der Regisseur
noch an der Glaubwürdigkeit arbeiten
ich widme dir all meine Kraft
was für ein dämliches Unterfangen
großes, tränenloses Heulen
manchmal erkenne ich
deinen Schatten
der mir folgt

ich falle für einen kurzen Moment
der Illusion anheim
dass du bei mir sein willst
aber im Traum lachst du mir
frech ins Gesicht
als sei nichts absurder
als dich zu lieben
ich habe dir tausend Brücken gebaut
aber du hältst wohl nichts von
Ingenieurskunst

Velence
das heißt Venedig
und es gibt fast so viele Menschen hier
wie Tauben dort
die sich dicht gedrängt
auf bunten Liegen fläzen
und durch hüfthohes Wasser waten
Ungarns Seen, so flach
dass selbst ein zu kurz geratener Gartenzwerg
nicht ertrinken würde
R.'s Vortrag zur Europäischen Union
plätschert an mir vorbei
wie ein sanfter Sommerregen
ich habe einen gebrochenen Zeh
besser als ein gebrochenes Herz

Jetzt
habe ich uns also
'ne Pause verordnet

und es kommt mir so vor
wie in einer dieser Sitcoms
wo immer einer von beiden
eine Beziehungspause vorschlägt
und sie erzählt das dann ihrer besten Freundin
oder er seinem komischen Cousin
und dann sagt die Freundin
oder der Cousin immer:
Dir ist schon klar, was das heißt?!
Beziehungspause ist der Anfang vom Ende!
Im Grunde könnt Ihr's gleich lassen!
und während der eine mit der Pause versucht
noch irgendwas zu retten
ist der andere froh
dass er aus der Sache raus ist
und hofft inständig
die Zeit möge für ihn arbeiten
und das Ganze seinen natürlichen Lauf nehmen
und im Sande verlaufen

Du

bist Euphorie
und
Enttäuschung
Illusionsgenerator
neuer Stein im Mosaik
unentbehrlicher Aggressionsantreiber
Traum(ver)fänger
glühende Luft
samtige Luft
weicher Teppich

seidiges Licht
Antriebspeitsche
Schatten im Blickfeld
Liebesabgewöhnbarometer
Bakterie in der linken Herzklappe
Fantasieperpetuum
ich rieche dich
100 Meter gegen den Wind
wie einen Iltis
die Hälfte meiner Zuneigung
hast du dir ertrotzt
mit halbseidenen Bedenken
ich treibe querfeldein
und mitten ins Desaster
was soll ich tun?
ich habe eine Vorliebe für Halbheiten
ich bin dir hilflos ausgeliefert

Wie

leicht mich ehrliche Worte
entfesseln können
viel zu selten werden sie an mich gerichtet
aber wenn es passiert
empfinde ich Dankbarkeit
nichts ist schlimmer als ein Gesicht
aus dessen Mund verdrehte Wortgebilde kleckern
während man genau weiß
dass hinter der Fassade
die nackte Wahrheit lauert
wer vorgibt, ein reines Gewissen zu haben
hat schon die nächste Lüge

vom Stapel gelassen
um von ihrer wahren Geschichte loszukommen
erfinden die Leute welche
das Leben ist mehrheitlich unspektakulär
man darf keine Angst
vor der Sinnlosigkeit haben
wichtig ist
im Augenblick der Kapitulation
nicht allein zu sein

Mittag

Stunde des weißen, schmerzenden Lichts
die Sonne ist ein Mann
der dir seinen erigierten Penis
in den Schlund stopft
der See wie polierter, farbloser Stahl
am Horizont dunkle Hügel
Hitze lähmt das Tun
ein Zustand, der ruhig ein paar Jahre
andauern darf
R. zappelt mit den Füßen
voller Unrast träumt er
von Muscheln und kühlem Chardonnay
serviert von einem knapp bekleideten Kellner
ich schmiere sinnlose Gedanken aufs Papier
brüte halbgare Gedichte aus
grelles Gelächter auf zwei Uhr
R. besprüht seine Flanken mit Sonnenmilch
glänzende braune Haut
mit sonnenblonden Härchen
nichts, was mich noch tangiert

inmitten der Postkartenidylle
kippen wir Drinks aus Plastikbechern
Ich will einfach nur weg, sagt R.
vergessend, dass wir schon weg sind
im VIP-Bereich poliert einer Gläser
eine gelockte Blondine takelt vorbei
wir schaun ihr über Brillenränder nach
stell dir vor, du müsstest jetzt Sex haben, sagt R.
bei der Hitze!
und klappt den Liegestuhl auf horizontal
ich will mir das gar nicht vorstellen
und falle in fluoreszierende Träume
R. hält meine Hand und seufzt:
Wo wird das alles bloß enden?
ich schätze mal im Tod

Ich

Ich weiß gar nicht
warum mich dein in den Raum gestelltes
warte
so sehr mit Hoffnung erfüllte
war es nicht nur
ein vorgegaukeltes Gefühl
der Zuversicht?
es konnte alles und nichts bedeuten
eine Aufforderung
oder eine Zustandsbeschreibung
und warten worauf?
Godot ist tot
und wenn du mir weiterhin
solch kryptische Nachrichten

um die Ohren haust
bist du es auch bald
darauf kannst du Gift nehmen
(da muss ich es dir nicht verabreichen)

Schloss

Féhérvar
du brennst in der Hitze der Mittagsstunde
hinter glänzenden Fassaden
Mattscheiben des Treibhauses
spielen sich düstere Dramen
und entsetzliche Orgien ab
im Vestibül eine Adelheit ohne Alter
sentimental schleicht sie durch die Gänge
die Luft ist mit verräterischem Duft gefüllt
Spionageduft
der letzte König von Ungarn
wabert einem langsamen Tod entgegen

Ich

schreibe den Leuten zu oft
zu nah an meiner Realität
das will doch keiner wissen!
private words show common problems
man muss beim eigenen Mikrokosmos anfangen
um den Makrokosmos erklären zu können
in diesen postfossilen Zeiten
voller Missverständnisse
man muss sich nicht selbst
bedingungslos lieben

aber Ehrfurcht haben
vor dem eigenen Leben
keine Kreatur nimmt mehr
als sie braucht
bis auf den Menschen

Warum
ist man eigentlich immer
mit Kondomen ausgestattet
die dann doch nie zum Einsatz kommen?
nachhaltiger Kautschukabbau sieht anders aus
schließlich schaut man eines Tages drauf
und stellt fest, dass sie abgelaufen sind
man kauft sich also neue
in der absurden Annahme
dass an der nächsten Ecke
vielleicht doch der ultimative
ONENIGHTSTAND
lauert
im Grunde hofft man natürlich
der Kelch geht an einem vorbei
weil Sex ist ja auch irgendwie Arbeit
die man immer wieder
vom Urschleim an erklären muss
um meinen Hals baumelt
eine afrikanische Fruchtbarkeitsgöttin
das Stück Holz wär auch
besser mal 'n Baum geblieben!

Heute

werde ich zu den Fingern
die dein Haar durchwühlen
den Nacken hinab
deine Wirbelsäule absteigend
wie eine Treppe in den Weinkeller
ich bin das Hemd
das deinen Körper zart umhüllt
ich bin dein Absatz
der dir den Rhythmus vorgibt
kühles Tuch für deine heiße Stirn
und deine schwitzige Scham
ich werde zur Hand
die deinen Gürtel löst
zum Schwamm, der dich aufsaugt
Füllhorn voller Schätze
ich werde vor dir kniefällig
zur gamsig-zarten Decke
auf die du dich bettest
und auf der ich dich
sanft in den Schlaf säusle

Grobgesichtige

Männer mit schwieligen Händen
schieben fettige Speisen
in lautlose Münder
unendliche Tage des Trinkens
liegen hinter ihnen
man sieht es an ihren rotporigen Nasen
und den gläsernen Blicken
eine Frau mit Runzeln

wendet Schweiniges auf dem Grill
ihr Lächeln aus den Furchen verrät
dass sie mehr zu wissen scheint
auf dem Gang zum Klo
verspricht ein Plakat
KOSMISCHE ERLEBNISSE
aber auch kosmische Scheiße
bleibt am Ende Scheiße

Ah!!!

ich erinnere mich
an dein Stöhnen
dein Wimmern
das an mein Ohr drang
auf direktem Wege durch Glasfaserkabel
in meine Muschi
wie ein Bienenstock in Aufruhr
Vibrieren
Flattern
die Möse regierte
ich mochte dich totvögeln
diese schmatzenden Geräusche
wenn dein Kolben
durch dein Handgetriebe glitt
aus mir sickert Sehnsucht
Körper
Glück und Angst
Blut und Boden
unterm virtuellen Himmel
Gewalt verursacht Gegengewalt
warum funktioniert das in der Liebe nicht?

mein Körper ist der Zugang zu allem
es gibt nichts zu bedauern
Nachtillusionen
und übervolle, nackte Zwischenräume
Haut
Saft
erfüllende Hitze
mein Stöhnen das in deine Lenden stößt
deine Augen greifen
deine Ohren lecken
in dir muss die Antwort sein
bin verbrutzelt im Ofen deiner Fantasie
deinem Schrei
deinem Weinen
wie ein Haar an der glühenden Zigarette
ich kann dich nicht verlieren aus mir
auch wenn wir zerbrechlich sind
weit entfernt voneinander
liegen wir am Rande der Peripherie
des jeweils Anderen
wie du meinen Namen stottertest
ich ertrank in deiner Lust
reine Triebe
die uns nächtelang den Schlaf raubten
und den Verstand
diese unbändige Ur-Begierde
die da aus dir herausfloss
und alles außer Kraft setzte
wie ich das vermisse
ich glaube
hoffe
warte

ich schaue mir Fotos an
dein verzagtes, scheues, süßes Lächeln!
ich bin ein einziges Bündel
stillen, angestauten Begehrens
benommen und gebannt
starre ich auf deinen Schwanz
dessen Spitze aufmüpfig
aus deiner Faust schaut
oh köstliches
Gouttelettes de bonheur!

Ich
warte auf unbekannte, große Dinge
aber es passiert nichts
nichts Weltbewegendes zumindest
die Zeiten der großen Würfe scheinen vorbei
man könnte tricksen
doch das führt am Ende zu nichts
ich bin auf der Suche
nach sorgloser Gesellschaft
aber die Meisten atmen nicht
in meinem Rhythmus
die Zeiten sind nicht ehrlich
und es wird zunehmend schwieriger
einander zu lieben
manchmal denke ich
wir sind die letzten Romantiker auf Erden
schon deshalb dürfen wir uns nie verlieren
auch wenn ich nie ganz so sein werde
wie du es dir vorstellst
aber ein Mann muss auch mal was riskieren

wenn er auf große Abenteuerfahrt geht
am besten gefällt mir
dass du nie deutlich sagst
dass du mich liebst
nur so durch die Blume
so brichst du auch keine Versprechen
denkst du
am Ende hängt alles
von einer zärtlichen Berührung ab
die man bekommt
oder eben nicht

Du

holst mich aus dem Halbschlaf
wirkst der Materialermüdung entgegen
du bist der Sachverständige für meine Vitalfunktionen
irgendwie fehlst du immer
doch erst durch den Mangel werde ich angetrieben
du hast ein hohes Verständnis für Ideen
für Gedanken, die intelligente, kryptische Gefühle
hervorrufen
und niedere Instinkte
mein Blick wendet sich ab
von der Sehenswürdigkeit hin zu einer Umarmung
unser Geheimnis bleibt ein Geheimnis
es gibt Anderen nichts mitzuteilen
welche Funktion hat die Wahrheit?
was ist der Sinn des Lebens?
Gefühle sind selten reine C-Dur-Dreiklänge
ich möchte Schweigemomente sammeln
in leisen Zuständen laut sein

warum an die Enden der Welt pilgern
wenn du auch in die eigenen Tiefen reisen kannst?
was ist das Bleibende?
Banalität des Nichts?
historisch gesehen erklärt sich das große Ganze
sowieso erst Generationen später
Geschichten stoßen einem zu
ich habe dich nicht gerufen
du bist wie ein starker Klang
der sich in mein Ohr gebohrt hat
wir sind zwei Fluchtpunkte, die aufeinander zulaufen
um alles zusammenzuhalten
du objektivierst die Dinge
auf einer Reise, die immer weiter geht
bis wir erloschen sind
du bist ein bisschen windschief
aber es wäre falsch
dich geradezurücken
ich bin sicher
mir passen deine Schuhe

Ich

ersehne den Moment
in dem mein inneres Bild vom Leben
das Wesentliche ehrlich zum Ausdruck bringt
ich liege auf kühlem Gras
und lausche seiner Musik
dieser flüchtige Augenblick
wenn man einen dankbaren Blick auffängt
oder ein Lächeln
das gerade erlöschen wollte

die Kraft, die einen
in Stunden des Unglücks überkommt
oder in der kurzen Spanne
zwischen Hoffnung und Enttäuschung
wenn man sich zu allem entschlossen fühlt
und nichts und niemand
mehr Macht über einen hat
außer man selbst
ich bin von einem wohligen Gefühl durchdrungen
und trete aus der Stickigkeit
in eine schöne, laue Sommernacht
alles hängt von einem selbst ab
wenn man will
kann man sogar glücklich sein

Indien.
Shivas späte Rache.

Delhi

dreckigste Stadt der Welt
sie nennen dich
City of Rape
out of order
not working
don't have
no Madam
not in service
closed
work in progress
dein tägliches Mantra
heute dürfen nur Autos mit ungerader Nummer fahren
new pollution rules
kein Inder der das versteht
unermüdlich quält sich die alte Schlange Verkehr
durch Nebelwände
Smog
und
Abschottungsmauern
durch Kinderherzen
und über die Ärmsten hinweg
Wolle-Rosen-Verkäufer klopfen ans Autofenster
der Fahrer lacht
meine Kaste – deine Kaste
hättest'e in einem früheren Leben
mal besseres Karma angehäuft

Dreckige

Säue graben Müllberge um
gramgebeugte Esel schleppen Steine

Ziegen an Pfählen und Kamele mit Spliss im Fell
klapprige Gäule und dürres Rindvieh
Wasserbüffel die wiederkäuen
trutzig stehn sie in der verstaubten Landschaft
Flüsse, die kein Wasser tragen
feuchte Träume vom Monsun
verdreckte Männer mit gierigem Blick
und verschämtem Lächeln
in unermesslicher Überzahl
manche sitzen ein Leben lang auf Treppenabsätzen
warten auf nichts
höchstens die Reinkarnation
aber die lässt auf sich warten
Zeit ist das einzige, was sie haben
und doch nicht nutzen
wozu auch
Kinder verfilzt, verlaust, verloren
von Anfang an
räudige Hunde spalieren Staubpisten
ein Tollwutgrinsen in der Schnauze
Kühe überland
auf Autobahnen und Schnellstraßen
gemütlich schlendern sie über vier Spuren
wohlwissend, dass Ihrer Heiligkeit nichts geschieht
für das heilige Rindvieh
riskiert man halsbrecherische Manöver
bei einer Frau sind sie weniger zimperlich
irre Eichhörnchen fressen eilig Nüsse
und paarungswillige Affen zeigen spitze Zähne
zwischen Staub, Müll und Smog
Hupen konzertieren
aus rostigen Karren, Kutschen, Tuk Tuks

Lkws, so bunt wie Bollywood-Träume
brettern durch den Morgennebel
verbranntes Holz
verbrannter Hindu
verbrannte Hoffnung
husch, alles zu Asche
Asche zu Staub
ein Sikh auf dem Mittelstreifen
kurz vor der Erleuchtung
dort der Ruf des Muezzins
Lärm tritt gegen Lärm an
alles stinkt
doch selbst Scheiße kann das Karma verbessern
und in all dem Dreck und Chaos
die Frauen mit ihren polychromen Gewändern
sauber und adrett
im Haremsglitzerseidengoldbrokat
schweben sie über den Asphalt
wedeln Staub auf
der in der senfgelben Sonne glitzert
türkis und safran
indigo und karmin
rein und schön und edel und stark
als stellten sie sich trotzig gegen das Elend
bar jeder Realität
wie aus 1001 Nacht
aus klarem Sternenhimmel
auf die Erde gefallen
um einen letzten Funken
Freude und Hoffnung
zu versprühen

Immer

löst sich alles auf
eben noch loderndes Feuer
wird urplötzlich zur Sparflamme
die mit dem nächsten Windhauch für immer erlischt
eben noch gefeiert
verlieren sie das Interesse
bevor sie dir den Rücken gekehrt haben
nichts ist von Bestand
die Aufmerksamkeit, die sie dir entgegenbringen
ist kürzer als das Leben einer Eintagsfliege
selbst Freundschaften
vermeintlich unerschütterlich
verlaufen im Sande der Geschichte
ich verstehe nicht
warum sich Menschen
mit all ihrer Kraft aufeinander einlassen
wenn sie sich kurz darauf
kaum mehr an den Grund dafür erinnern
all die Hoffnungen und Versprechen
auf die man baut
windschiefe Schlösser auf Treibsand
und man selbst ein Körnchen von Abermillionen
das unter den bröckelnden Ruinen
aufgegebener Freundschaften begraben wird

Agra

Drecksloch mit beschränkter Hoffnung
über alles legt sich der sanfte Mantel des Nebels
den Kühen geht es wie den Männern: Scheißleben
Heiligkeit hin oder her

nur dem Weibe geht's noch schlechter
Minuswert im Kastenirrsinn
in der Rangfolge hinterm Rindvieh
der Großmogul Shah Jahan
ließ ein Weltenwunder bauen
Krone des Ortes
aus weißem Marmor
so hoch wie ein Berg
von 1000 Elefanten rangeschafft
doch seine Liebste findet niemals Ruh
Touristen tanzen auf ihrem Grab
jede Liebe hat ihren Preis
seine war unendlich, heißt es
nichtsdestotrotz nahm er sich zwei weitere Frauen
und 'nen Harem obendrauf
jeder Liebende ist eben auch ein Arschloch

Warum
soll ein Mann
nicht zwei Frauen lieben können?
er muss es nur klug anstellen
aber dir ist schon eine zu viel
und wenn ich's mir genau überlege
wäre ich schon froh
die eine zu sein
warum teilen
wenn ich auch alles allein haben kann?
R. kleckert müde auf die Bettstatt
in diesem Maharadscha-Palast für Arme
während ich an unsere Liebe denke
eine steckengebliebene Liebe

eine, die nicht zu Ende geliebt ist
komm zurück
möchte ich sagen
doch fürstliche Ansprüche
sind längst erloschen

Der
Abendhimmel spiegelt sich im Türkis des Schwimmbads
wir gleiten durch den letzten Tag des Jahres
ohne Reue
aber auch ohne Wehmut
im Grunde kann's nur besser werden
hoch oben in der Palme
der verzweifelte Schrei einer einsamen Krähe

Du
bist wie ein Phantom
das durch mein Leben geistert
das ich aber nie zu Gesicht bekomme
vielleicht spiele ich ein Spiel
dessen Regeln ich selbst nicht kenne
du schickst mir 360°-Blick-Fotos von Elba
mein kleiner Bonaparte
bist wohl ins Exil abgetaucht
am Straßenrand wühlt sich ein (wider)borstiger
Wildschweineber
beflissen durch den Modder
bis zum Wanst im Schlamm
durchpflügt er den Dreck nach Verwertbarem
ich kann mir nicht helfen

aber bei seinem Anblick musste ich
unweigerlich an dich denken

Ich
lese Gedichte von einem
der sich für einen Könner hält
und dann auf Seite 43 steht eins
das hat er praktisch von Bukowski geklaut
ich hab's in L. A. auf Englisch gelesen
hat wohl gemeint bis dorthin schafft es sowieso keiner
von uns
wieso wollen immer alle wie Bukowski schreiben?
wieso meinen so viele, sie täten es?
großer Gott fällt den Leuten nichts Eigenes ein?!
Inspiration ist okay
nichts anderes mache ich
bedenklich ist nur
dass das geklaute das Beste im ganzen Scheißbuch ist
rund und stimmig und ölig runterlesbar
wieder ein Autor zum Abhaken und Einstampfen
an Hank kommt einfach keiner ran

Zäh
wie Klebstoff zogen sich die letzten Minuten des Jahres
dahin
kurz erwogen wir
schon mal den Pyjama anzulegen
nur knapp hielten wir durch
R. legte noch hurtig eine flotte Sohle aufs Parkett
ließ Inderinnen von frei gewählten Partnern träumen

während des finalen Bollywood-Tanzes
grabschte mir ein Schnauzbartinder übergriffig ans Gesäß
während der schlechteste Sänger des Universums
sich einen Turban jodelte

You
wanna Baby touch?, fragte Prakesh, der Fahrer
entgeistert schauten wir uns an
und dann aus dem Fenster
Unglaublich, wie viel Energie selbst noch aus Scheiße
rauszuholen ist,
versuchte R. das Thema auf die Heiz- und
Kochgepflogenheiten zu wechseln
stumm fuhren wir durch den dreckigen Morgen
am Wegesrand pisste ein Kamel
Rauch stieg auf
Nebel lichtete sich
ein Lkw streifte einen Hund
in einer Sackgasse hockte einer zum Morgenschiss
langsam stieg die Sonne auf
und hinterließ das Land in seidigem Glanz
Morgentau in Rajasthan
aufflackernde Schönheit einer vergangenen Blüte
und dann setzte er uns ab
vorm *Baby Taj Mahal*
da hatten wir gerade nochmal die Kurve gekriegt

Sie
nannten ihn SMS
Sawai Man Singh II.

der letzte echte Maharadscha von Jaipur
aus dem Palast machte er ein Hotel
da war es vorbei mit der Tigerjagd
ein Elefant trug seinen Sohn zu Grabe
der Scheiterhaufen brannte Tage
der Streit ums Erbe war eröffnet

Ich
denke an die daheim gebliebenen Probleme
in diesem vermaledeiten Europa
das hier weiter weg ist
als der Mond und der Mars zusammen
bei uns da drüben
interessieren sich immer alle
zur gleichen Zeit
für denselben Schmarrn
weil man in sein will
und meint mitreden zu können
in dieser konstruierten Wichtigkeit
dabei ist das alles bedeutungslos
und nach ein paar Wochen
kommt ein neuer Schwachsinn
der beschäftigt dann die Leute
wieder eine gewisse Zeit
es regiert die Provinzhaftigkeit
in der immer alle
von einer Sache besessen sind
die im großen Ganzen keine Rolle spielt

Der
Elefant schnaufte den Berg nach Amber hinauf
und ich war nicht sicher
ob er nicht auf halber Strecke schlappmachen würde
wie immer auf einem Elefanten
war es unbequem
und ich hatte keine Ersatzhüfte dabei
bergab kamen ihm zwei Kollegen entgegen:
Ach du Armer! Da sitzt ja wieder 'ne Matrone auf dir!,
sagte der eine zu meinem Elefanten
der schüttelte den Kopf
dass sein Rüssel hin- und herwedelte
Na wenigstens hab ich noch nicht deine Kniearthrose,
antwortete der
der Dritte schiss spontan auf den Weg
seine Art zu demonstrieren
was er von der ganzen Sache hielt

In
Indien relativiert sich alles
selbst meine Liebe zu dir
der letzte Maharadscha von Jaipur
wollte mich zu seiner Drittfrau machen
um ein Haar hätte ich eingewilligt
ich wäre aus so vielem raus
allerdings in anderem wieder drin
und es war fraglich
ob das den Tausch wert wäre

Ich
könnte jetzt behaupten
die Trennung von dir ist die Hölle
durch die ich jeden Tag gehen muss
barfuß und nackt
mit Brandbeschleuniger unterm Arm
um den Schmerz immer wieder anzufachen
aber das wäre gelogen
die meiste Zeit lebe ich sogar ganz gut ohne dich
du bist wie eine Kriegsverletzung
die sich bei ungünstiger Wetterlage
bemerkbar macht
ein eingewachsener Kaktusstachel
den man versäumt hat zu entfernen
der aber auch nicht rauseitern will
und so tut es hin und wieder weh
doch im Großen und Ganzen habe ich mich daran gewöhnt
dass da ein Fremdkörper
von Zeit zu Zeit Schmerzen verursacht
und eines Tages ist alles vergessen
und ich rate dir dringend
nicht ausgerechnet dann wieder angeschissen zu kommen
denn dann lasse ich dich operativ entfernen
und das tut nicht nur mir weh

Aus
der deutschen Übersetzung des
KAMA SUTRA
von Mallanaga Vatsyayana:
wenn
eine Frau sich dem Man umarmt

wie ein Kriecher einen Baum
Kopf fallen an seinem Gesicht
mit der Absicht ihn zu kuessen
und gibt Geraeusche mit
sut sut von sich
sieht ihn liebevoll an
wird dies als
»flechten eines Kriechers« bezeichnet

Beim

Vögeln sollst du zwingend den Gummi überstülpen
nur verbaler Dünnschiss
darf immer ungefiltert abgesondert werden

Pushkar

heiligster Ort des Planeten
wo Brahma vielweiberte
und sich unsterblich machte
R. läßt sich bepriestern
am Rande einer heiligen Drecksbrühe
in der schon Gandhis Asche schwamm
Pauken und Trompeten
zwischen Vishna, Shiva und Ganesha
kleine Blumen in den See
und große Spende in den Topf
Om, Brahma, rama, dama
ramadama, rama, lama, ding dong
R. läßt sich zum Priester weihen
und zum Guru im 3. Bildungsweg
wer will, kann ihn dann in seinem Aschram besuchen

und sich segnen lassen
(sexuelle Gefälligkeiten sind Bestandteil des Rituals)
bevor der Gott der Zerstörung
alles kurz und klein haut

Die
reife Frau scheißt auf Erleuchtung
weil sie weiß
dass diese sinnlose Suche im Nichts endet
die reife Frau ist klug genug zu wissen
dass sie nur ein Mensch ist
und das ist nicht mehr als
nur ein Hund zu sein
oder nur eine Kakerlake
wir sind alle gleich, Menschen und Tiere,
sagte gestern der Hindupriester,
nur mit dem Unterschied, dass der Mensch betet
das macht ihn erhaben
Brahma ist trockene Scheiße
und trockene Scheiße ist Brahma
die reife Frau weiß
auch beten ist verlorene Liebesmüh
es ist alles in ihr
sie lebt
mit Inbrunst
selbstbestimmt
und ohne Angst

Es
ist angenehm
im großen Strom der Masse mitzuschwimmen
Windstoß und Wasserrichtung tragen das Schiff
und wenn es dann so stolz dahinsegelt
denken alle
es war aus eigener Kraft
nichts aber ist schwerer
und nichts erfordert mehr Charakter
als sich im offenen Gegensatz
zu seiner Zeit zu befinden
und einfach mal nein zu sagen
so oder so ähnlich hat das Tucholsky gesagt
aber warum das Rad neu erfinden?

Wenn
die Frau bemerkt
dass der Mann nach wiederholtem Sex
müde geworden
und sie noch immer nicht befriedigt ist
sollte sie ihn auf den Rücken legen
und ihm beim Akt behilflich sein
damit wird die Neugierde
des Liebhabers geweckt
oder sie macht dies
aus eigenem Interesse
Anm. d. Red.: Hauptsache, sie tut es

Immer
wenn sie allein zum Auto zurückkehrte
stand dem Fahrer die Panik ins Gesicht geschrieben
er dachte, jetzt sei er fällig
wenn dann der Gatte etwas später doch
hinterhergedackelt kam
war des Fahrers erleichtertes Aufatmen
noch hinter den Hügeln von Aravalli
deutlich zu vernehmen

Durch
die Aktionen der Frau
sollte der Mann versuchen zu verstehen
in welcher Art und Weise
die Frau befriedigt werden will
eine Frau während der Periode
eine, die soeben aus dem Gefängnis entlassen wurde
und eine dicke Frau
sollte der Mann nie die Männer-Rolle spielen lassen

Während
im Süden die Erde bebte
weil Shiva mal wieder was ins Lot bringen musste
schrieb mir S. aus Zürich
dass sie morgen wieder in den Folterstollen müsse
wo sie noch vor Mittag der Hirntod erwarte
ich wickle mich in einen sechs Meter langen Sari
er steht vor Dreck
aber ich bin froh, dass ich noch eine kurze Gnadenfrist habe

ich überlege, wie sich die Zeit in die Länge ziehen ließe
doch der unabwendbare Eintritt ins Alltägliche
läßt sich kaum vermeiden
zurück zum fröhlichen Ein- und Ausstempeln
zwischen dreierleigrauen Filzwänden
und unter grellem Neonlicht
lebe ich im Großraumbüro des Grauens
meine Stunden ab
dieselben Gesichter mit Abwärtslefzen
dieselben Sprüche
dieselben Themen
Tag für Tag
in Endlosschleife
irrelevant und doch überlebenswichtig
dienstbeflissen seit 30 Jahren
erschreckend welch Durchhaltevermögen ich an den Tag lege
nicht auszudenken, was ich alles Großartiges damit leisten
könnte
so ziehn sie hin die Jahre
bis man sich langsam nach der Rente sehnt
ich will mich nicht mehr in die Riemen legen
und auch nicht am Riemen reißen
aber irgendwie ist die Option alternativlos
als Inder will man ja auch nicht wiedergeboren werden
am Pool des Maharadscha von Jodhpur
fallen weiße Frangipaniblüten lautlos auf roten Sandstein
ohne diesen Scheißjob
säße ich jetzt nicht hier
und käme auch nicht mehr weg
jede Medaille hat zwei Seiten
und Brahma vier Gesichter
R. zieht todesmutig seine Socken zur Hälfte aus und lächelt

16
Schritte bis zur Lust
trainiere deine Muskeln
wasche deinen Körper
Kajal für die Augen
Sandelholz für die Lippen
kämme das Haar mit duftendem Öl
benetze die Haut mit süßem Parfüm
beringe Finger und Zehen
Ohren nicht vergessen
und die Nasenflügel
stecke Blumen ins Haar
Kettchen um die zarten Fesseln
aber auch die Taille
zieh die schönsten Kleider an
erneuere dein Lächeln
und süße den Mund mit Nelke
dann kann die Liebe beginnen

Das
Kratzen mit den Nägeln
ist bei folgenden Begebenheiten üblich:
beim ersten Besuch
beim ersten Rendezvous
bei der Rückkehr vom Rendezvous
bei der Versöhnung
nachdem man den Liebhaber verärgert hat
und
wenn eine Frau nicht nüchtern ist

M.
gab mal wieder ungefragt
von der Heimatfront seinen Senf dazu
manchmal stieg er sich selbst zu Kopf
anstatt Dinge mit Widerhall zu kreieren
beschimpfte er in so mancher Morgenstunde jene
die nicht all das hatten
was er zufällig von Natur aus mitbrachte
er wurde nicht müde zu betonen
wie großartig er sei
doch großartig ist man erst
wenn man mit seiner Großartigkeit etwas anzufangen weiß
und irgendetwas von Sinn oder Bestand schafft
hier bestand durchaus noch Spielraum
an verschenktes Talent in Cocktailgläsern ertränkt
erinnert sich später nicht mal der Hausmeister
und Senf akzeptiere ich nur als Beigabe zu gewissen Speisen

Die
Engländer wollten Indien unterjochen
überheblich und lächerlich zugleich
Britisch-Indien
mühsam erkauft
Gandhi
Salzmarsch
aus die Maus
Herr der Lage warst du nie
auf klapprigen Schienenwegen
hast du dich davongestohlen
dein Vermächtnis lässt sich in
Rechtsverkehr

Cricket
Earl Grey
und
Mintsoße
zusammenfassen
eine mickrige Bilanz
und Pakistan hätte sich vermeiden lassen

Unsere
Pause ist nahtlos
in ein Sabbatical übergegangen
das voraussichtlich Jahre andauern wird
ich liege rum wie verrostete Eisenträger
und versuche das Grundrauschen
des Alltags zu durchbrechen
ich suche ein Gegengift
gegen die Trivialität des Lebens
ein Projekt
das zum Scheitern verurteilt scheint
das Leben spült drüber
und
Wortarabesken legen sich über das
Jetzt

Spicejet
rescheduled
13:20
14:05
15:50
16:10

17:45
19:10
20:15
(das Personal von Spicejet hat unbemerkt
den Counter verlassen)
21:10
canceled

Ich
teile mein Bett mit dir
sterilisierter Liebhaber
fühl dich frei
nichts zu tun
ich verlasse dich
inmitten der Nacht
ohne auf Wiedersehen zu sagen

Wenn
sich eine Frau auf ihre Hände stellt
die Beine spreizt
und der Mann sie wie ein Bulle besteigt
wird dies als Akt der Kuh bezeichnet
hierbei sollte nur Analverkehr entstehen

Ich
hielt es erst für einen schlechten Scherz
die Nachricht von deinem Tod
die so nebenbei an mein Ohr schwappte
zwischen Chana Masala und Bindhi Gosht

David, oh David
wie kann das sein?
sterben solche wie du
nicht
an Kopf- oder goldenen Schüssen?!
und jetzt ganz profan an Krebs
der die Idole meiner Jugend dahinrafft
wie Fliegen in der Mittagshitze
hast du deine Protein-Pillen nicht genommen?
Ground Control zu Major Tom
I'm floating and no God's love be with me
Ten
Nine
Eight
Seven
Six
Five
Four
Three
Two
One
Lift off
machs gut, Ziggy
it's time to leave the capsule if you dare
(und schöne Grüße an Freddie)

Täglich
lösche ich Business Mails
um den Schock nach der Rückkehr
so klein wie möglich zu halten
Cloud-Strategien für den CIO

und T-Systems bricht mit alten Outsourcing-Methoden
ich breche auch gleich
an welcher Stelle in meinem Leben
ist da was schiefgelaufen?
ich langweile mich zu Tode
Outlook – welch perfide Irreführung
weder Ausblick noch Aussichten finden sich dort
wieviel IT steckt im Kanton Zürich?
hoffentlich eine rhetorische Frage
denn die Antwort will keiner hören
Abfang-Drohne fängt Drohne mit Fangnetz
fangen statt abschießen
bei gewissen Menschen
könnte man sich Schritt eins eigentlich sparen

Der
Mann kann einen Akt
des Hundes
der Ziege
des Hirsches
der Katze
auch
das Drücken eines Elefanten
das Besteigen eines Pferdes
das Kuscheln eines Wildschweins
oder das
gewaltsame Besteigen eines Esels nachahmen
dabei sollte der Mann berücksichtigen
dass das Nachahmen der Tierart
naturgetreu bleibt
es wäre an der Zeit

dass du mal wieder irgendein Viech nachahmst
mich besteigst nach allen Regeln der Kunst
wie du das letzten Winter getan hast
mit Hingabe
Inbrunst
Lust
und
Tollerei
muss ich dir erst
das Kamasutra um die Ohren hauen
die Nägel spitzen
dich auf den Rücken befördern
und das Flechten des Kriechers markieren?
damit du endlich wieder tätig wirst
deiner Pflicht als Liebhaber nachkommst
mir deine Zunge leihst
Hände
Atem
Schwanz
und die Eselin besteigst
gewaltsam
und
nachhaltig

Ich
könnte mir
mit der Produktion
des Angenehmen und Gefälligen
ein schönes Leben machen
doch meine lebhafte Vorstellungskraft
brütet bereits

Gewaltigeres und Blutigeres aus
doch die Zeit der düsteren Epen
ist noch nicht gekommen
es ist an der Zeit
zu genießen

Wenn

du ankommst
also *wenn* du ankommst
immer straight up
und dann Bus No. 4
straight up ist ein dehnbarer Begriff
und nirgends ein Bus in Sicht
ich laufe durch die Prärie
wobei irren es besser trifft
links und rechts
sind austauschbare Vokabeln
wahrscheinlich nur Metaphern
für irgendeine spirituelle Sache
hinter die ich nie blicken werde
und eigentlich ist es Bus No. 5
was aber auch egal ist
denn am Ende kommt keiner
irgendwann
Monde später
erreiche ich doch das Ziel
wobei Ziel es auch nicht trifft
denn eigentlich ist da nichts
wofür sich die Reise gelohnt hätte
aber ich fühle mich trotzdem

als hätte ich eine Etappe
der Tour de France gewonnen
die große Frage
die sich nun stellte war:
wie zum Teufel hier
wieder wegkommen?

Die
Zeit, sie rast
sie geht ins Land
fließt den Rhein runter
und reißt ein paar platte Sprichwörter mit sich
erstaunlich, wozu ein von Menschen erfundenes Etwas
in der Lage ist
im Frühjahr bist du aufgewacht
und hast an meine Tür geklopft
so schien es
aber es war der Hinterausgang
der schon lange verriegelt ist
die Renitenz hat den Besitzer gewechselt
das ist der Lauf der Dinge
und keiner fragt sich
welche Dinge da gemeint sind
auch ich rase
dem Erfolg hinterher
aber er ist mir immer einen Schritt voraus
wie ich dir
immer hinkt irgendwer irgendwem hinterher
da hilft auch kein Drehn und Wenden
zwei Seiten einer Medaille
gehören immer noch zu ein und derselben Münze

Du
stellst mir viele Fragen
aber ich habe auch keine Antworten
ich schufte
renne
von Projekt zu Projekt
parallel und in andere Universen
manches ist perfekt
vieles halbgar
Lobhudeleien
bis zum nächsten Verriss
bin ein bisschen gehetzt
fühle mich schon manchmal
als sei ich du
alles mitnehmend
und dann vielleicht doch
Wesentliches verpassend
du fällst mir ein
jeden Tag
an Ecken und Kanten
unter Bäumen und
am anderen Ufer
Worte
Gerüche
Wintergrau und
Frühlingsrauschen
dein Parfüm
deine Stimme aus dem Off
verpasste Chancen
irgendwie weiterleben
Remote-Taste
zurück

bis vor unserem Kennenlernen
Zeit schafft Spielraum
doch Sehnsucht
scheißt auf Zeit
sich verlieben
ist eine Form
gesellschaftsfähiger Geisteskrankheit
ich beobachte dich
auf Facebook
doch ich weiß nicht
wie du dich fühlst
bist du glücklich?
ich tue
mache
lebe
lache
rattere und
gehe vorwärts
bastle an einem Plan
von dem ich nicht weiß
wo er hinführt
aber manchmal wünsche ich mir
nur deine Hand
auf meinem Gesicht
die mir zärtlich
eine Haarsträhne wegstreicht

Die
Hoffnung
auf ein positives Ende
hatte Indira noch nicht ganz verloren

trotzdem wusste sie
in wachen Momenten
sie hatte von Anfang an verspielt
die falsche Kaste
das falsche Geschlecht
das falsche Leben
sie beneidete die
fetten
weißhäutigen
schlechtgeschminkten
Touristinnen nicht
die noch jenseits der 50
in Aschrams rannten
und nach etwas Ausschau hielten
von dem sie nicht genau wussten
ob es existierte
Indira weiß
was sie will und auch
dass sich nichts
in ihrem Leben am Straßenrand
von alledem ereignen würde
die blöden Ausländerinnen
suchten das Glück
und merkten nicht
dass sie es schon hatten:
sie konnten weg von hier

Ich

habe das Gefühl
wir sehen uns nur noch
nach olympischem Zeitplan:

alle vier Jahre
können Worte überbrücken?
am Ende verwischen sie doch
im blassen Sammelbuch der Nichtigkeiten
die Verbindung liegt in den Blicken
die wir nicht mehr tauschen
dein Blick, zaghaft, trotzdem werbend, sehnend
in der Tiefe sich verdichtend zu
Unsicherheit und Lust
der Trieb, der sich Bahn bricht
lauernd, rücksichtslos, verschlagen
und alles verdrängend
es ist
als müsste ich den Sturm
der in mir tobt
niederschreien
der April geht zu Ende
schwappt in einen zerrenden Mai
mit saftigen Wiesen
voller Aufbruchsstimmung
ich fühle mich wie eine mit Wurstspuren belegte Semmel
das Meiste hast du abgeleckt
und mich als Rest auf dem Teller gelassen
über dir hängt eine Ohrfeige
wie eine überreife Zwetschge mein Schatz
ich vermisse alle Orte
an denen wir nie gewesen sind
ich reiße Kalenderblätter ab
jede Stunde ein Strich
jeder Tag ein Kreuz
aber kein Termin mit dir
nie

ich altere
warte
mit fliehendem Puls
Jahre fliegen unter unseren Sohlen ungenutzt dahin
greifbare Spannung im Raum zwischen uns
meine Gedanken schwimmen ruhig im Strom
rotten sich zu einem Stimmungsbrei zusammen
träge, zeitlos
du tänzelst durch meine Erinnerungen
mit einer blonden Perücke und rosa Leibchen
in einer unbestimmten Landschaft
barfuß durch grellgrünes, weiches,
frisch gemähtes Gras
dein Gesicht wie Gold in spätem Licht
deine Lippen sind das Sinnlichste
das ich je sah und schmeckte
Glück spürbar in Zärtlichkeit und (Auf-)Begehren
Wärme durchflutet meinen Körper
ich blase den Rauch einer imaginären Zigarette in die
Dunkelheit
du legst deinen Körper an meinen
Fingerspitzen, die sich fast berühren
ein bisschen dreckig von der Erde
die zwischen meinen Zähnen knirscht
gut für sandiges Timbre
die Stadt schweigt
irgendeine Stadt
das kann doch alles kein Irrtum sein
der Himmel hängt bleiern
unter einer durstigen Sonne
ihr Lachen zerflattert
was dich betrifft

bin ich immer von Vorfreude erfüllt
obwohl ich gar nicht weiß worauf

Du

glaubst
wenn du nur lange genug
den Ball schön flach hältst
hast du ihn irgendwann weggedribbelt
du füllst mein Leben
mit deiner Abwesenheit
bis zum Überlaufen
Zeit heilt alle Wunden
sagen sie
aber Zeit macht gar nichts
Zeit ist nicht
Zeit
eine Erfindung des Menschen
da konnte ja nichts dabei rumkommen

Varanasi

Irrsinn auf 3000 Jahre alten Beinen
manchmal denke ich
nur die viele Kuhscheiße
hält dich noch zusammen
Shiva ist dein Verwalter
und es ist ein Wunder
dass du noch stehst
alt bist du geworden
und gebrochen
aber trotzdem

oder gerade deshalb
hast du dir deinen Stolz bewahrt
lässt dich nicht kleinkriegen
von Millionen Menschen
und nochmal so vielen Rindviechern
obwohl beide Arten manchmal
kaum voneinander zu unterscheiden sind
jeden Abend ziehst du dir dein Kleid an
aus Nebel, Rauch und Asche
und manchmal blitzt dann
ein Stück Schönheit hervor
unverbraucht und golden
wie du einst sicherlich warst
als Mutter Ganges
noch ein klares, reines Bächlein war

Ein
alter Mann fährt Rikscha
weil er Essen auf den Tisch bringen muss
weil er durch Bewegung fit bleibt
so oder so
er macht es um zu überleben
während ich gut dran täte
die Plätze für einmal
mit ihm zu tauschen

Ich
denke kaum mehr an dich
tief vergraben liegt die Liebe brach
und wartet vielleicht auf einen anderen

oder dass sie in Ruhe gelassen wird
womöglich liegt es an dieser Stadt
wo man allem, was Spaß macht, entsagt
oder auch an den naturidentischen Hormonen
die mir ausgegangen sind
ich weiß es nicht
wie ich nichts mehr zu wissen scheine
der Inder an sich ist kein Paradebeispiel
für Passion und Lust
und Benares erinnert einen viel
an längst Vergangenes
eine Aufforderung zur Rekapitulation?
ich träume von Verflossenen und bin froh
dass es nur Träume sind
ich träume auch von Luxushotels
und zartem Rinderfilet
und Sex in Fahrstühlen
und entwendeten Handtaschen
im Hauptbahnhof Zürich
Träume sind Schäume
so schnell verschwunden
wie der auf meinem Espresso Macchiato

Ich

wäre gern ein Mathegenie
und glücklich über das absolute Gehör
ich möchte musikalisch improvisieren
und Fremdsprachen über Nacht lernen
eine operntaugliche Stimme wäre toll
oder Auto fahren können wie ein Stuntman
ein Körper, der Lust auf Marathon hat

und ein fotografisches Gedächtnis
wären nicht schlecht
ich kann so viele Dinge
und ich kann sie richtig gut
aber nicht gut genug
um damit den großen Reibach zu machen
alles ist ein Kampf
aber für den Kampf fehlt mir die Lust
ich würde mich gern für die Referate an IT-Konferenzen
interessieren
aber ich bin nicht einmal in der Lage dabei
einzuschlummern
manchmal wär ich gern skrupelloser
aber mir fehlt das Talent fürs Lügen
und wäre ich ein Sexsymbol
ließe sich auf alle genannten Wünsche verzichten

Das
Putzfrettchen
das täglich den Staub umverteilt
nennt mich unterwürfig *Maam*
und macht einen kleinen Diener
wenn es mit mir radebrecht
am Anfang war mir das noch unangenehm
aber wenn ich's mir genau überlege
ist das genau die angemessene Haltung
mit der man einer Frau wie mir
begegnen sollte

Manchmal

sieht man Ausländer
auf klapprigen Drahteseln
durch die Gegend wackeln
unsicher halten sie den Verkehr auf
und lassen jedem Rindvieh den Vortritt
die bedanken sich dann mitunter
mit einem frischen, warmen, dampfenden Fladen
direkt vor die Füße
ihres menschlichen Untertans

Mutter

Ganga
wie groß muss deine Liebe sein
dass du das alles erträgst
was der Mensch dir antut
Mutter Ganga
stoisch fließt du dahin
erduldend und kraftspendend
obwohl du selbst kurz vorm Exodus stehst
dein einziger Verbündeter ist der Monsun
der dir einmal im Jahr
deine dummen Kinder abnimmt
ihren Dreck wegspült gen Ozean
auf dass er für immer
in dessen Tiefen verschwindet
Mutter Ganga
du musst tatsächlich eine Göttin sein
mit Menschengegengift in deinen Wasseradern
wärst du ein Mensch
wärst du schon tausend Tode gestorben

jeden Tag aufs Neue
vielleicht bist du aber auch ein Dämon
wer sonst würde zulassen
dass sich die Kinder
an deinem Giftcocktail laben?

Benares

ist Shivas Rache
und Suizid auf Raten
Endstation Ganges
für Samsara-Müde
und Ausländer in lächerlichen Kleidern
OM
auf den Scheiterhaufen der Liebe
brennen die, die's geschafft haben
und der Sadu lacht sich eins
denn die Qualität der Drogen
ist ausgezeichnet
wir feiern »Holi«
da ist nichts mehr holy
die Hunde tauschen Panini-Flöhe
und die Unberührbaren sind als Einzige
sicher vor sexuellen Übergriffen
der Lachyoga-Mann kreischt hysterisch
Seit wann haben Sie Ihren Tinnitus?
Hä?
Interessant, ich hab da ein Kali-Gebet für Sie!
Kali, die schwarze Göttin
wahrscheinlich die erste
mit Migrationshintergrund
Verkehrschaos wurde hier erfunden

Alice Boner trägt Schuld
sie brachte das erste Auto
da kann sich der Schweizer
für einmal nicht rausreden
wer weg kann
tut das schleunigst
die meisten können halt nicht
Pech
hare hare hare hum to dil se hare
wir haben den Mut verloren
aber beten fein brav weiter
Shiva grinst und hat Lust auf
Zerstörung
und Durga hält sich für unbesiegbar
und Krishna reißt grad wieder eine auf
und Lakshmi, na leck mich doch
Wo sind eigentlich die Affen im Affentempel?
im Café »Aum« bestellt eine Kuh Milchshake
den sie uns später vor die Füße scheißt
die Stadt ist eine einzige
Landwirtschaftliche
Produktionsgenossenschaft
Lassi macht nicht lässig
der Ganges stinkt
das ist er uns schuldig
wer Abwässer reinkippt
kriegt kein destilliertes Wasser
Stadt des Todes
Stadt des Lichts
Irrenhaus mit beschränkter Haftung
dessen Insassen auf
akustische Endlosschleifen stehen

und noch ein Abendgebet
für den Kommerz
die Winnetou-Festspiele sind
ein Dreck dagegen
planet weird und heilige Scheiße
Benares –
no country for old cows

Im
Süden wollen sie von Heiligkeit nichts wissen
hier huldigen sie anderen »Göttern«
an die Mauern pappen sie die Konterfeis
von Fidel, Che, Karl, Wladimir und Josef
wer heute noch an Stalin glaubt
der tötet auch kleine Kinder
und das tun sie auch
zumindest wenn es Mädchen sind

Habe
ich das richtig verstanden:
Ihre Tochter heißt Italia?
Ja, Italia
Wie kams?
Wir lieben Italien
Warum?
Ist wie Indien

Über
Willingdon Island preschen die Jagdflieger
der indischen Marine im Tiefflug
dass das Wasser des Vembanad-Sees Wellen schlägt
als würden sie die nächste Invasion
der Briten erwarten
mich überkommt eine Art
Kriegsberichterstatter-Gefühl
in seiner verromantisierten Form versteht sich
am Krieg ist nichts Romantisches
ich rieche nach dem süßen Parfüm
des schmierigen Düfte-Verhökerers
der seine Markierung hinterlassen hat
wie ein rolliger Kater
am Lieblingsbaum seiner Auserwählten
ich denke an H. und N. und J.,
die dich abgelöst haben
als Unterwanderer meiner Gedanken
ich empfinde eine Art romantische Anziehung
die nicht in die Praxis übertragen werden muss
die mich aber
(vermutlich nur vorübergehend)
von dir befreit

Man
kann sein Leben auch
in der Hängematte liegend rumbringen
Ende des Gedichts

Heute
habe ich zum ersten Mal im Leben
eine Synagoge von innen gesehen
sonst wird einem da ja der Zutritt verweigert
Gotteshäuser jedweder Art
sollten jedem immer offenstehen
sonst stellt man sich unweigerlich die Frage
was die zu verbergen haben
doch als Nicht-Hindu
oder Nicht-Moslem
oder Nicht-Jude
muss man immer draußen bleiben
nur die Kirchen der Christen
dürfte theoretisch selbst der Antichrist betreten
wenn deren Türen nicht verschlossen wären
aus Angst vor Vandalismus

Die
Fischer hocken am Strand und
ihre Breitkrempenhüte flattern im Wind
und die Jungs haben Ferien und alle dieselbe Frisur
und sie hocken am Strand
weil sie nichts mit sich anzufangen wissen
auch die Hunde hocken am Strand
kratzen sich hinterm Ohr
oder lecken sich die sandigen Eier
und in ihrem struppigen Fell
hocken die Flöhe
also auch gewissermaßen am Strand
auf den Bäumen – am Strand –
hocken die Krähen und hecken was aus

und die Reiher und Kraniche stehen am Strand
und warten
bis ihnen das Meer einen verspäteten Lunch
vor die Stakser spült
die Katze hält Ausschau
nach Vögeln und Ratten
die möglicherweise am Strand hocken
sie selbst hockt natürlich nicht am Strand
den betritt sie nur zum Kacken
was die Fischer auch fröhlich tun
da bekommt der Begriff
in den Sand gesetzt
eine ganz neue Bedeutung
die Krabben krabbe(l)n aus ihren Löchern
schrauben ihre Augen wie Teleskope rein und raus
und hocken am Strand
gut, dass der Strand hier ist
sonst wüsste keiner was tun
nachmittags in Alleppey

Ich

breche auf
auch wenn ich vielleicht einbreche
ich brauche keine Erlaubnis
und auch nicht Euer zustimmendes Nicken
ein zufriedenes Lächeln wäre schön
aber es geht auch ohne
wenn ich gegen die Gepflogenheiten verstoße
weiß ich, dass ich richtig bin
in der Mitte des Stroms
ist man sicherer, aufgehobener

als am Rand
muss sich aber mit der Masse treiben lassen
und die steuert oft ins Verderben
ich will nicht mehr auf dem Rücken
überholter Traditionen dahinschippern
weil einen das einfach nicht weiterbringt
aber ich will weiterkommen
die Angst abwerfen
über mich hinauswachsen
bis die Welt zu einem Ort wird
mit freien, vernunftbegabten Bewohnern
die nicht mehr den Drang verspüren
sich gegenseitig zu vernichten
diesen Zustand werde ich
vermutlich nicht mehr erleben
aber vielleicht die Kinder
die ich nicht habe

Es
ist Sonntagmittag!, sagte der General
in strengem Ton
zu den am Strand trommelnden Jungs
Ja, Sir, es ist Sonntagmittag!,
riefen die rüber
und trommelten fröhlich weiter

Rajith
war der Boss
und erteilte sich selbst die Befugnis
zum Nichtstun

Ich arbeite mit dem Kopf
pflegte er zu sagen
während seine Frau
den Boden der Zimmer wischte
die alle ihr gehörten
gegen Mittag stand er auf
und ließ sich bedienen
hin und wieder
mimte er den Philosophen
und erging sich in endlosen Monologen
er hielt sich selbst für unfehlbar
und für niedere Tätigkeiten nicht gemacht
da verlieren die anderen den Respekt
sagte er
aber das hatten sie längst
wenn sie ihn nachmittags
durch die offene Tür schlafen sahen
auf einer Matratze am Boden
wie ein räudiger Hund
dem das Bett verwehrt wurde

Tansania.
Freddie und Makrelen.

Maskat

Unschöne am Hafen ohne Ziel
Männer in weißen Gewändern
und Frauen in pechschwarzen Ganzkörperfestungen
ohne Sehschlitz und überlang
(ersetzt den Wischmop für den Marmorboden)
schleppen sie sich durch (emotionale) Wüsten
das Thermometer klettert auf 42 Grad
Heute ist es nicht sehr heiß
sagt der Mann neben uns
und krault sich den Bart
Männer mit Söhnen
Mütter mit Töchtern, die gern Söhne wären
getrennt voneinander an Tischen
auch gefühlsmäßig separiert
nicht nur die Zimmertemperatur ist unterkühlt
Datteln können sie, sagt R.
Datteln und Öl
aus der Heimat eine Mail von dir
aus der Heimat
wie das klingt
als sei ich irgendwo im Kriegseinsatz
du denkst an mich nur dann
wenn ich weit weg bin
weil da keine Gefahr direkter Begegnung besteht
im Fernsehen 0 westliche und 1194 arabische Sender
zwischen Seifenoper und Koran-TV
die arabische Welt
ein Paralleluniversum zu unserem
auf verschiedenen Umlaufbahnen
fliegen wir einmal pro Jahr
aneinander vorbei

Arabien

eine Welt hinter deren glänzende Fassade
der gemeine Abendländer niemals blicken wird
verweihräuchert sitzen wir bei *Shoua*
und während wir unsere Kehlen und Ranzen
mit orientalischen Köstlichkeiten verwöhnen
ruft der Muezzin zum Abendgebet
und der Imam vielleicht zum heiligen Krieg gegen uns
wer denkt, er verstehe irgendetwas
hat schon haushoch verloren

Du

bist entschieden nichtentschieden
schreibst du mir
keiner von uns beiden
will die Schuld auf sich nehmen
uns aufgegeben zu haben
so geht es weiter, immer weiter
und führt doch zu nichts
Farrokh Bulsara –
wir wohnen in seinem Geburtshaus
und dachten, das sei Zufall –
trägt heute Krone
im Treppenhaus schaut er mich aufmüpfig an
als wolle er sagen:
Großer Gott, Kinder, lasst doch das Schmierentheater
treibt es fröhlich miteinander
und gut is
life – IT'S A KIND OF MAGIC

Polo, polo
langsam, langsam
auf Sansibar stehen die Uhren
immer auf 20 vor 6
kommste heut nicht
kommste morgen
kommste morgen nicht
kommste gar nicht
es gibt keine Probleme
HAKUNA MATATA

Die
Kilimanjaro liegt vor Anker
im Hafen von Stone Town
überfüllte, marode Fischkutter
tuckern gen Ufer
schwerbeladen mit Touristen
die mit versengter Haut
und glückseligem Lächeln
zurückkehrend
vom Abenteuer des Tages
an Land gespuckt werden
die *Red Monkey* streift die *BlueWave*
aus der *Gladiator* schöpft einer Wasser
aus der Ferne sehen sie aus
wie sinkende Jollen
vor Lampedusa
die Turtles auf *Prison Island* sind froh
wenn es Abend wird und Ruhe einkehrt
Ohne Menschen isses schon irgendwie besser,

sagt die eine zur anderen
und ich denk mir:
Verdammt sind das schlaue Viecher!

Jambo!
das heißt auf Swaheli hi, hey, hallo, guten Tag
und sie rufen es
wenn sie dich aus 100 Metern kommen sehen
und sie rufen es
wenn du schon längst um die Ecke gebogen bist
sie rufen es mit breitem Lächeln
und klaren Verkaufsabsichten
hoch motiviert und auch ein bisschen fordernd
weil am Abend ja was auf den Tisch kommen muss
und du denkst dir wie nett die Jungs doch sind
und ab dem zweiten Tag rufst du zurück
Jambo! Jambo!
und auch du lächelst
wenn auch etwas dümmlich
und denkst: Jetzt verstehen wir uns
und dass du irgendwas begriffen hast
und alle doch irgendwie eine Sprache sprechen
später lese ich:
Diese Grußformel wird ausschließlich gegenüber
Menschen gebraucht, von denen man annimmt,
sie seien Touristen mit spärlichen oder gar keinen
Kiswahili-Kenntnissen
Jambo bedeutet auch:
Ding
Sache
Thema

Angelegenheit
Zustand
Umstand
Lage
Faktum
Tatsache
Staunen
Verwunderung
Streitfrage
Problem
Mühe
Sorge
Schwierigkeit
Ärger
und
Köder
(und eines Tages fügt einer Arschloch dazu)
da kommen wir der Sache schon näher
und du denk nochmal
die sagen nur Guten Tag zu dir!

Zu
Hause:
- Fernsehen
- Heizung
- Kaffeekapseln
in Afrika:
- Moskitonetz
- Deckenventilator
- Trinkwasser

die Prioritäten verschieben sich schneller
als ein Mausmaki von Ast zu Ast springt

Mein
afrikanisches Bett gleicht einem Hochstand
ohne Zugangsleiter
in angetrunkenem Zustand
kaum zu erklimmen
dafür kann man drunter gut und gern
zu zweit (aufeinander) schlafen
es soll wohl wilden Tieren
des Nachts einen Durchgang gewähren
ein Krötentunnel à la Tansania
wenn man allerdings beim Gang aufs Klo vergisst
wo man gerade ist
kann man sich auch formidabel
im freien Fall die Gräten brechen

Facebook
teilt mir ständig mit
dass irgendein Hinz oder Kunz
gerade live ist
und weiter?
wohl kaum ein Grund
die Masturbation oder andere
lebenserhaltende Maßnahmen
zu unterbrechen

In
meinem Leben gibt es verschiedene Menschen
mit unterschiedlichen Zuständigkeiten
ein Mann allein baut schließlich auch kein Haus
es wäre absurd
das alles einer einzigen Person aufzubürden
wie der Chirurg sich nicht gleichzeitig
um einen präzisen Schnitt
und die Aufrechterhaltung
der Vitalfunktionen kümmern kann
gilt auch in der Liebe
das Prinzip der gerechten Verteilung
nach Fähigkeiten und Vorlieben
bei mir darf jeder
seine Kernkompetenzen zum Tragen bringen
alles andere wäre Verschwendung von Ressourcen

Letzte
Nacht lag ich lange wach
und dachte über das Leben nach
Zikaden lärmten unverschämt herum
als würden sie sich mit Minilaubsägen
an fremden Dachgiebeln abarbeiten
ich fragte mich
was der Muezzin um zwei Uhr morgens will
wen genau ruft er da?
und vor allem warum?
wie im Fernsehen auch
wäre hier eine Sendepause
ausgesprochen empfehlenswert
aber beide Institutionen

sondern heutzutage ja rund um die Uhr
sieben Tage die Woche ihren Müll ab

In
Jambiani auf Sansibar
gibt es nur zwei Geräusche:
das Brausen des Meeres
und das Pfeifen des Windes
die sich zu einem großen
immerwährenden Grundrauschen vereinen
das dich mit sich nimmt
dich verschwinden lässt
im Ozean des Vergessens
es gibt nichts zu tun
außer aufs Meer zu schauen
und auf die Gezeiten zu warten
du könntest dich ohne großen Aufwand
für immer verkrümeln
sowas wie *Der alte Mann und das Meer* verfassen
oder *Moby Dick*
und dich posthum feiern lassen
nachdem du dir mit einer abgesägten Schrotflinte
den Schädel weggeblasen hast

Wenn
plötzlich am Strand aus dem Nichts
zwei hochgewachsene Massai
in voller Montur und mit gespitztem Speer vor dir stehn
dann hat das schon was Erhabenes
sie sehen aus wie in einer Afrika-Doc auf SRF zwei

oder vom Theaterfundus ausgestattet
aber die hier sind echt
und für einen kurzen Moment
kannst du Corinne Hofmann verstehn
bei näherer Betrachtung
sind es natürlich auch nur Männer
genaugenommen halbe Portionen
und sich mit einem Exemplar dieser Gattung
näher einzulassen
bringt ja bekanntlich mehr Ärger als Vergnügen
aber der Speer war eindrücklich

Zansibar

Seeräuberinsel mit unrühmlicher Vergangenheit
schicktest deine Töchter und Söhne
als Sklaven in die Welt
Araber
Engländer
Deutsche
Holländer
Franzosen
Portugiesen
Spanier
Amerikaner
Geschichte geschrieben
mit dem Blut fremder Ethnien
der Mensch als Ware
das Land als Pfand im bösen Spiel um Leben
fühltet euch als Übermenschen
und wart doch nichts als grausame Bestien
überm Korallenriff auf *Prison Island*

schnorcheln die Touristen
über den Gebeinen der letzten Sklaven
und *The House of Wonders*
hat geschlossen

Der
Sultan von Oman
brachte Gewürze auf die Insel
alles andere
hätte er mal besser daheim gelassen

Heute
lag ich unter einer riesigen Kokospalme
die im aufkommenden Nachmittagssturm
beängstigend mit der Krone wackelte
ich wäre nicht die Erste
die durch eine herabfallende Kokosnuss
ihren diesseitigen Dienst quittieren würde
ich überlegte, was gerade mein letzter Gedanke war
und der war bei dir verdammt
und dem Abend als ich Japanisch kochte
und wir arbeiten wollten
und du *küss mich!* sagtest
und wir am Ende doch
mit verschlungenen Extremitäten und Zungen
auf der Chaiselongue herumrollten
zwei Körper zu Riesenmagneten
mit entgegengesetzten Polen mutiert
unmöglich, sich nicht an- und später auszuziehen
ich wurde ein bisschen geil

doch der Einzige
der mir heute unendliche Geschmeidigkeit versprach
war der Hersteller meines Shampoos
(und auch der hat gelogen)

Die
Delfine schwammen in perfekter Formation
an uns vorbei
wahrscheinlich lachten sie über uns
wie wir 6 Uhr morgens
mit undichten Schnorchelbrillen
auf hohen Wellen ungelenk umherschwappten
während sie ihre Kür im Synchronschwimmen trainierten
R. war ausnahmsweise mal spontan und sprang
zu früh an Land
direkt auf einen See-Igel
der hatte sich den Tag wohl auch anders vorgestellt
mit Rasierklingen und Sicherheitsnadel wurde er operiert
(nicht der Igel)
jetzt steht die Sonne hoch am Horizont
seltsame Vögel kreischen ein Lied
zwei Kinder winken aus der Ebbe
und Frauen in bunten Kleidern
sammeln Seetang für die Pharmaindustrie
Roche und Pfizer machen daraus naturbelassene Kosmetik
mit der wir unsere faltigen Wohlstandsfressen
zukleistern können
Palmen rascheln spöttisch im Wind
die Tage kommen einem sehr lang vor
so ohne Plan
und ohne Struktur

ohne Fernsehen oder Horrormeldungen
vom Rest des Globus
die Leute hier kriegen nichts mit von dem da draußen
wahrscheinlich sind sie deshalb vergleichsweise gut drauf
sie wundern sich über die Gäste
die im WLAN-Bereich auf kleine Bildschirme starren
obwohl vor ihnen der Ozean
in seiner ganzen Schönheit glitzert
von weit draußen grummelt er
wo sich am Riff die Wellen brechen
eine Krabbe rennt eilig vorbei
hebt die rechte Schere zum Gruß
Wipi mambo, sag ich
und ich könnt schwören
dass sie mit *mambo boa* geantwortet hat

You
are a big mama, you need a big necklace
sagte der Pseudo-Massai
bevor er mir zwanzig Plastikketten um den Hals hängte
hast du die auf dem Teppich, der auf dem Ozean
schwimmt, gefischt?,
fragte ich schnippisch
aber er überging die Frage gekonnt
indem er mir auf dem Decolleté herumtätschelte
später fuchtelte er mir
mit einem halben Dutzend Holzgiraffen vor der Nase rum
und versuchte mir eine Herde Zebras
schmackhaft zu machen
Horses with stripes? Never seen,
sagte ich und kaufte eine tamarindenrote Schale

um ihn und die Ketten vom Halse zu kriegen
der Hund, der von Beginn bis Ende der Verhandlungen
kläffte
gab erst Ruhe
als der kleine Bastard
um die nächste Bucht verschwunden war
der Köter war der Einzige an diesem Strand
der den Nepp von Anfang an durchschaut hatte
er hob die Pfote zum High Five
und schwänzelnde grinsend davon

Wenn
jetzt ein Tsunami käme
dann wäre ich weg
nackt hinterm Moskitonetz
samt Hütte
jeder denkt immer
dass es ihn schon nicht trifft
genau wie die beiden zerstückelten Leichen
die gestern in Plastiksäcke verstaut
in Leipzig aus dem Baggersee gefischt wurden

Als
wir über die Mangroven steigen
versinkt die Sonne wie ein Feuerball
hinter den Mangohainen
das Meer hat sich zurückgezogen
als wollte es Platz schaffen
für die Kinder der Nacht
am Lagerfeuer spielt eine Improband

zusammengewürfelt wie die Gäste
Israelis schreien Hebräisches gegen den Wind
Das ist unser Rabbi
stellte das Paar uns den Alten vor
der Kippa schwenkend und gut betankt
in einem Mädchenrock übers Feuer tanzt
vielleicht hatten sie auch Papi gesagt
der Sturm schluckt Worte weg
wie der Rabbi den Schnaps
der Holzinstrumentklöppler genehmigt sich einen Joint
und lässt den Nachwuchs ans Gerät
im wilden Trommelfeuer singen sie von Makrelen
ich frag einen schwarzen Jungen
wovon das Lied handelt
Ig verstah das ou nid alls
er lebe schon zu lang im Berner Oberland
seine weißen Zähne
blitzen wie kleine Leuchtbojen in der Dunkelheit
Irgendöppis mit Krach gloubs
Ma grölen also, sag ich
und das machen wir dann auch alle

In
meinem Badezimmer
das nach oben offen ist
wachsen Pilze und
eine Ameisenkolonie bewohnt die Klobrille
zu Hause wäre das ein Fall für den Kammerjäger
hier moniert höchstens die Ameisenkönigin
meinen Arsch auf ihrem Thron

Nirgends

gibt's so viele Sterne zu sehn
wie im Himmel über Afrika
über den Wüstenmeeren
und Weiten der Ozeane
über den Savannen
und den Baumriesen im Dschungel
eine turmalinschwarze Decke
mit Millionen Lichtern voller verglühter Leben
die Geschichten erzählen
von Kriegern und Hirten
von Voodoo und Magie
vom Rhythmus der Erde
und vom Ursprung des Lebens
Afrika
geschundener Kontinent
wo Tränen zu Staub werden
und Staub zu Asche
Afrika ist eine Frau
die verzweifelt nach der Freiheit sucht

Kurz

vor der Abreise
flocht Abbas geschickt ins Gespräch ein
dass er nur die Leiter
für die anderen darstelle
die steigen dann auf seine Schultern
und streben nach oben
dass auch wir zu Hause
eher auf der untersten Sprosse stehn
konnten wir ja schlecht sagen

im Vergleich zum Sandfeger
leben wir wie die Könige
die 60 Dollar, die er im Monat verdient
verfressen wir jeden Abend hier
der Besitzer der Anlage
kassiert im Monat Dreißigtausend
das Paradies ist teuer
und für die, denen es gehört
unbezahlbar

Wenn
wir erst halb Sechs losfahren
sind wir aber sehr spät zurück, sagte R.
und zog eine Schnute
und er sollte Recht behalten:
wir waren erst 20:53 im Bett!

Szenen
einer Ehe:
Du hast noch gar nicht gesehen,
dass ich heute die neuen Ohrringe
aus Oman trage, sagte sie
Was? Die normalen, ja ja, antwortete er
während er dem Kellner für dessen
»schöne Handschrift« schmeichelte

Im
Gebälk meines Bettpfostens
raspelt der Tansania-Holzwurm Süßholz

oder baut sich sein Schlafgemach aus
zwei Albino-Ameisen tanzen auf dem Tisch
und auf dem Vorplatz
rennen hysterische Krabben
quer durch die Landschaft
eine schwarze Katze stiefelt durch den Sand
von links nach rechts
das muss Voodoo sein
und aus der Hütte der französischen Lesben
hüstelts verdächtig
ein Schiff wird kommen
aber nicht heute
eine Nacht voller Freaks

Das
Meer gibt Leben
es kann aber auch alles verschlucken
es wechselt die Farbe
wie ein wütendes Chamäleon
das ein glitzerndes Geschmeide trägt
das in der Sonne golden glänzt
und dich lockt
dann verschlingt es dich
und spuckt dich ungekaut wieder aus

Tansania

wer auf Barbusiges im Bananenröckchen hofft
hat nicht aufgepasst
Scharen von kleinen Koranschülerinnen
in weißen Kopftüchern

die bis zu den Hüften reichen
tummeln sich am Strand
sie heißen Aisha und Meliha
und sind wahrscheinlich
auf dem Weg gen Mekka

Die
Palmen schwanken
wie Betrunkene
aus dem Pub torkeln
Abbas hat seine Pflicht getan
und uns das Trinkgeld flink
aus der Hand gerissen
seit er weiß, dass ich nicht zu haben bin
ist er zu mir nur noch halb so nett
also gar nicht
sein Name bedeutet *Der Düstere*
es fällt mir schwer
diesen Fleck Erde zu verlassen
sich vertun –
das ist durchaus
einen zweiten Bildungsweg wert

Ich
trage noch immer
das kleine silberne Herz mit mir rum
das du mir schicktest
als ich dich noch gar nicht geliebt habe
ein Stück Metall wie ein Projektil
Einschlag mit Mündungsgeschwindigkeit 1500 m/s

klar, dass du jetzt keins mehr übrig hast für mich
höchstens noch für Tiere
oder Pflanzen
vielleicht noch Amöben
man hofft noch, dass einen der Schuss verfehlt
aber im selben Moment
in dem man sich duckt
ist man auch schon getroffen
und kein Schwein in der Nähe
für die Not-OP

Die
tansanische Polizei
kann sich alles erlauben
3:24 Uhr werden wir angehalten
ein paar Halbstarke in Uniformen
und mit Gewehren im Anschlag
wollen aus Fadenscheinigkeiten
Geld erpressen
ihre Taschenlampen scheinen uns
in die Visagen
und einer will die Vignetten abkratzen
aber ist selbst dazu zu blöd
in sinnlosen Diskussionen
reden Leute aneinander vorbei
der Fahrer ist kleinlaut und devot
vielleicht hat er Dreck am Stecken
vielleicht ist er aber auch einfach klug
weil Aufmucken ganz schnell
nach hinten losgehn kann
in ihren lächerlichen Uniformen

sehen sie aus wie Statisten
in einem Kriegsepos
und wir sitzen wie Idioten im Wagen und hoffen
dass die Willkür heut Nacht
nicht allzu hart zuschlägt

Der
Flughafen in Maskat
könnte auch die Baustelle vom Berliner sein
einziger Unterschied sind die
20 Grad Temperaturdifferenz
die Luft flimmert von der Hitze
und unterm Kaftan des Mufti
schwingen seine Eier
wie Kirchenglocken an Ostern

Der
Flug scheint unendlich
und der Komfort liegt auf einer Skala
von 1 bis 10 auf minus 2
das Personal scheint seinen Job zu hassen
dasselbe gilt für den Food-Lieferanten
wahrscheinlich Engländer
aber Hauptsache auf dem Bildschirm
ist jederzeit von jeder Position aus
die exakte Entfernung zu Mekka angezeigt
das ist, als würde man Sextouristen
die Entfernung zum Patpong mitteilen
oder Erdoğan-Anhängern
den genauen Standort des Stalls

in dem ihr Autokrat des Vertrauens
gerade wieder eine Ziege fickt
und dabei Todeslisten unterschreibt

Ich
will mich von der Verzweiflung befreien
die einen überkommt
wenn man jemanden liebt
schon als ich dich das erste Mal sah
wusste ich
das ist sowas wie Schicksal
und endet im Verderben
Unser Zusammentreffen war nur Zufall
sagtest du
doch es gibt keine Zufälle
es ist alles nur eine Frage des Marketings

Bevor
wir ihr den Todesstoß verpassen
könnten wir unsere Amour fou
noch einmal aufleben lassen
ein letztes begehrliches Aufflackern
und Aufbäumen
zweier Verrückter
im vierten Frühling
aber aus Angst
vor einem Bestechungsskandal
lehnen die Leute heute
sogar emotionale Geschenke ab
es ist immer schwieriger

jemanden zu lieben
als jemanden zu verlassen

Du

schenktest mir ein Buch über Schnecken
und ich frage mich
wie ich das zu verstehen habe
wusstest du, dass Schnecken bei den Christen
für zwei Todsünden stehen:
für die lüsterne Wollust
aufgrund ihrer Fortpflanzungsfreudigkeit
und für die tranige Trägheit
was schwebte dir bei mir vor?
ich befürchte beides
gleichsam ist der Schneck
ein Symbol für Verwesung
und die unbefleckte Empfängnis
beides trifft auf uns irgendwie zu
und da du Jude bist
gelte ich bei dir als nicht koscher
jetzt wundert mich wirklich nichts mehr
die Flügelschnecke kann nicht fliegen
aber springen
auf dem Meeresboden
natürlich nur, wenn sie es eilig hat
hat sie aber meist nicht
manche Schnecken entstammen der Unterart Turbo
ein Widerspruch in sich
kommt aber von Turbanschnecken
obwohl sie einen solchen nicht tragen
die zahnlose Schließmundschnecke

befruchtet sich am liebsten selbst
auch wenn Partner zur Verfügung stünden
die hat was gelernt
lateinisch heißt sie perversa
wegen des seltenen linksdrehenden Gehäuses
wenn einzelne Exemplare nur linksdrehend sind
spricht man auch von einem Schneckenkönig
bei der Zahnlosen sind aber alle linksgedreht
daher verdreht, also pervers
und ganze ohne Krönung
die Herkuleskeule liefert Purpur
da kostet das Gramm 2000 Euro
Kokain ist ein Billigprodukt dagegen
und schließlich kommen wir zu dir:
die rosa Wolfsschnecke
aus der Familie der Raubschnecken
sie frisst alle anderen Arten einfach auf

Heute

Morgen im Bus
stieg eine Frau zu
die ein breites Dauergrinsen aufgelegt hatte
das beängstigend ins Debile abzudriften drohte
und ich dachte mir so: Herrje, die Ärmste!
und: Hoffentlich ende ich nicht mal
in so einem desolaten Zustand
dann erblickte ich in der Scheibe
die hängenden, müden, vergrämten Gesichter
von uns anderen und wusste:
wir sind schon längst viel schlimmer dran

Er
bezeichnete sich als Aussteiger
und ich verstand gar nicht
was er damit meinte
denn soweit ich wusste
war er noch gar nie
irgendwo eingestiegen

Das
Leben tanzt
wenn auch manchmal auf Krücken
wir leben in einem geschlossenen System
in dem jeder bekommt
was er verdient

Ich
sitze so da und es ist Sommer
der ging diese Woche an mir vorbei
wie eine verpasste Sendung
die aus der Mediathek gelöscht wurde
70 Prozent der Indienreisenden bringen multiresistente
Keime mit nach Hause, sagte meine Mutter kürzlich
mein Tropenarzt verdient gut an mir
eine Taube kämpft mit ein paar Pommes
gleich rastet sie aus
wenn sie nicht vorher erstickt
ich lese gerade Gedichte von einem der Krebs hatte
und trotzdem wie ein Schlot weiterrauchte
für einen kurzen Moment überkommt mich Wut
weil ich nicht kapiere

wie man so selbstzerstörerisch sein kann
um ein Haar hätte ich mir eine angezündet
ein kurzatmiges Kind jagt die Taube
dann fällt es der Länge nach hin und plärrt
jeder muss seine Lektionen lernen
vor ein paar Wochen wurde ich gefeuert
das sei aber nichts Persönliches
sagte der Verleger
obwohl ich erleichtert war
raus zu sein
war ich trotzdem beleidigt
weil man mir keine Wahl ließ
irgendwelche Blindgänger bauen Mist
den du dann ausbaden darfst
und während die Zitrone
bis zum letzten Tropfen ausgequetscht wird
bringen sie ihren Arsch
gepflegt ins Trockene
und haben nicht mal ein schlechtes Gewissen
kürzlich schrieb mir jemand
ich sei eine Frau anstrengender Worte
und zudem nervig
wenn ich mich selbst überschätze
ich kann das alles nicht nachvollziehen
denn ich bin noch immer viel zu bescheiden
immer meinen andere genau zu wissen
wer man ist und wie man sich fühlt
an denen sind so einige Anthropologen verlorengegangen
die Taube kommt zurück
und versucht sich an einem Stück Kuchen
die einen füttern dich
während dich die anderen am liebsten vergiften würden

so unähnlich sind wir uns gar nicht
bald reise ich nach Guatemala
Zusammenführung der Bakterienkulturen
wenn's die Menschen schon nicht hinkriegen

Der
Wüstenwind verschluckte seine Worte
in Fetzen schwappten sie zu ihr rüber
sie meinte etwas von *Gratis-Sex*
verstanden zu haben
wie groß die Enttäuschung
als dieser sich als
Gratis-Snacks herausstellte

So
meine Liebe, bis zum 6, sagte er
ein Freudscher
der ihn teuer zu stehen kommen sollte

Guatemala. Stricher in freier Wildbahn.

Ich
machte noch Witze
als der humpelnde Mann mit zwei Krücken
den Bus bestieg
aber es handelte sich in der Tat
um den Busfahrer
Rökning förbjuden
mahnte ein Schild
aber das wäre im Traum
keinem eingefallen
die Luft brannte sowieso
so muss es auf dem Weg
ins Fegefeuer sein
auf einem kaputten schwedischen Schlachtschiff
mit Schusslöchern in den Scheiben
und defekter Klimaanlage
im eigenen Saft schmorend
in die ewige Verdammnis schwanken

Der
Jaguar warnte uns
mit seinem Brüllen vor
aber wir wollten ja nicht hören
mit einem lächerlichen Stöckchen bewaffnet
schlichen wir in seine Richtung
da stand er plötzlich da
und
ignorierte
uns

Das
lob ich mir:
Stricher in freier Wildbahn
sagte R.
bei uns ist das ja alles längst ausgerottet
auf dem Plaza Mayor schlichen die Freier
wie hungrige Hyänen umher
ihre potentielle Beute
hatte gut zu tun
sonst war nichts los
in Guatemala City

In
Antigua haben die Kolonialisten
schöne Gebäude hinterlassen
ihre 50 Kirchen
haben Erdbeben plattgemacht
die Natur weiß schon
wo sie zuzuschlagen hat

Die
guatemaltekischen Phallusträger
sind im Schnitt einen Kopf kürzer als ich
man möchte ihnen das Köpfchen tätscheln
Lust hingegen sieht anders aus
und ich
ich war erst zu müde
dann war es zu kalt
danach zu heiß

und dann war die Reise
auch schon fast vorbei

Manchmal
steht einer
in Cowboyhut und Gummistiefeln
mit ner Machete in der Hand
mitten in der Prärie am Straßenrand
und du kannst nie ganz sicher sein
ob er mit seinem Bauernsäbel
gleich Mais oder dir ein Körperteil
abhauen wird
am Ende steht er dann meistens
nur so da
und wartet wohl darauf
dass sein Gaul
von der Mittagspause zurückkehrt

Bei
den Mayas war es eine Ehre
wenn sie dir bei lebendigem Leib
das Herz herausgerissen
und den Göttern geopfert haben
im Grunde sind die
zurecht untergegangen

Pelikane
schweben an meinem Balkon vorbei
in der Ferne singen Evangelisten-Kinder

einfältig klingende Weisen
wie sie die Missionare gehört haben dürften
als sie »die Wilden«
auf die rechte Bahn bringen wollten
warum haben sie nicht einfach
das Paradies genossen
statt den Leuten ihren Schmarrn aufzudrücken
eine karibische Holztaube ruft
Blut im Schuh
vom Nachbarsbalkon schwappen Zigarrenschwaden rüber
ein Kolibri umflattert vibrierend
einen rosa Blütenkelch
warum heißen die im Englischen eigentlich
Hummingbirds?
das heißt übersetzt Kolibri
hätten sie sie doch gleich
so nennen können

Mit

der Kettensäge fräst einer
den Stamm einer Palme zurecht
und das Grauen
in den gleißendblauen Nachmittagshimmel
das ist ein guter Anfang für ein Gedicht
denk ich so
aber wenn man keine brauchbare Mitte
und kein pointiertes Ende
oder wenigstens ein Ende mit Schrecken findet
kann man sich die Mühe sparen

ich habe Lust auf eine Djarum Super

aber eine leere Streichholzschachtel erwischt
vieles, was man bewahrt
verliert irgendwann seinen Nutzen
das gilt auch oder gerade für Beziehungen
mit der Zigarette im Mundwinkel
schaue ich in die Runde
aber keiner ist clever oder Gentleman genug
In dem Land, wo ich herkomme, reicht man zur Zigarette
gerne Feuer!
hätte Greta Garbo jetzt gesagt
aber von der Garbo bin ich so weit weg
wie der Vatikan von der Homoehe

Papageien kreischen wie thailändische Ladyboys
deren Gefieder wiederum den Papageien gleicht
vielleicht sind sie beides in Personalunion
ich steige da nicht wirklich dahinter
die Palme blutet
ihre Wedel liegen matt auf dem Asphalt
unklar
ob sie das Massaker überleben wird
ein dicker Jet grätscht durch die Wattewolken
die Vögel vögeln
na wenigstens die

Poesie

am Mittwoch
Chips mit Schinkengeschmack
und Bier
ganz schön prollig
ganz schön gut

Das
Meer schwängert die Luft
es riecht nach Schalentier
und duftet nach Jasmin
Nymphensittiche in grünen Nestbau-Uniformen
fliegen Zweige für ihre Baumhäuser ein
in der Weite liegt die
WAHRHEIT
du bist da
und auch irgendwie weg
der Ozean grummelt
als wollte er gleich ein U-Boot erbrechen
in bin zufrieden
ein Zustand
der dem flüchtigen Glück folgt

Ich
musterte das Terrain
nach potentiellen Gespielen
aber das Angebot war überschaubar
wie die Reste im Ausverkauf

ALLES MUSS RAUS!

und selbst das war
ohne die Überwindung zahlreicher Hürden
kaum zu bewerkstelligen
ein annehmbarer Franzose
kreuzte zweimal meinen Blick
doch seine Gemahlin schien unabschüttelbar
wenn ich seine Zeichen richtig deutete

ein Mittfünfziger undefinierbarer Herkunft
schlich wie eine Tüpfelhyäne auf Beutegang
über die Fliesen
im Pool zwei stramme Lesben
auf deren schwarzer Haut
das Wasser wie aus Schmerz geborene Perlen glänzte
dann nahm uns ein Schweizer Paar ins Visier
und später in Beschlag
im Rückwärtsgang flatterte die Erotik davon
wie ein Kolibri vom leeren Blütenkelch

Mami

warum fliegen die Vögel so schnell umher?
Weil sie's können!

Endstation

Livingston
dann kommt nur noch
das große weite Meer
abgehalfterte Rastas
erbrechen Kiffer-Elaborate
um acht machen sich die zwei Dorfdirnen auf Tour
schwere Gewitter ziehen auf
um neun ist alles vorbei

Wenn

ich hier so sitze
und auf den Rio Dulce schaue
an diesem angenehm kühlen Nachmittag

bei nur 28 Grad
denke ich kurz an dich
wie du immer nur in deinem
kleinen Dunstkreis verkehrst
der kaum weiter
als dein Gesichtsfeld reicht
während ich die weite Welt bereise
und jeden Tag an ihr wachse
und auch über dich hinaus

Heute
schien der Tag
des toten Hundes zu sein
jedenfalls rasten wir
an mehreren überfahrenen Tierleichen vorbei
die Orte auf der Karte trugen Namen wie:
Wasserauge
Idioten
Hinkebein
oder
Komm-raus-wenn-du-kannst
auf Spanisch klang das
natürlich alles viel schöner:
Ojo de Agua
Bobos
Pata Renca
Sal Si Puedes
was es aber nicht besser machte
die alten indianischen Namen
inspirierten dazu
deutsche Schlager der 50er Jahre zu verfassen:

Sie kam aus Sacatepéquez
die rote Schönheit der Aztekes
da kam der alte Waran-Galan
aus Totonicapán heran
sie tanzten Tango
in Chichicastenango

Nebenan

testet jemand
die Beschaffenheit von Schlafzimmermobiliar
und kaum warst du mir aus dem Sinn
hast du dich durch die Hintertür
wieder reingeschlichen
10 000 Meilen entfernt
und acht Stunden hinter deiner Zeit
verfalle ich doch
deinem störrisch-unentschlossenen Charme
wenn du mal ganz unverbindlich anklopfst
und ein bisschen schamvoll tust
und dir dann doch
in die Hose greifst
mir brennt die Rosette
vom Jalapeño-Chili
und andere Körperteile
von der unbefleckten virtuellen Empfängnis
die mit Einsatz des Tropenregens
mich auf hellblauen Laken überschwemmte
Amen

Der
Deckenventilator eiert
störrisch seine Runden
er erinnert mich ein bisschen an mich
aufgeben is' nicht
eines Tages wird er
an den Kanten der Realität zerschellen

Als
ich den Typen vorm Fenster entdeckte
war es zu spät
um meinen nackten Hintern zu bedecken
ich weiß nicht
wie lange der schon dort stand
wie ich später feststellte
offensichtlich lang genug
um sich geschmeidig
einen von der Palme zu wedeln
die Kosten der Hütten-Außenreinigung
übernehme ich jedenfalls nicht

In
meiner Holzhütte die Duschkabine
ist wie aus einem DDR-Wohnwagen
und die Seife riecht nach Osten
und beides gibt mir ein schönes Gefühl
aus einer Art Kofferradio
dudelt leise 70er-Jahre-Sound
in der Ferne grummelt der Wettergott
lechzt wohl nach einem neuen Menschenopfer

Fächerpalmen biegen sich ehrfürchtig
gen Boden
der Nieselregen
wie kleine Nadeln auf der Haut
el Capitan von der *Wanderlust*
(3 Mio. US-Dollar, wahrscheinlich Drogengeld)
wankt rauchend durch den Pool
meine Hütte trägt den Namen *India*
ausgerechnet
als hätten die was geahnt
es hätte allerdings auch schlimmer kommen können
die Nachbarshütte heißt *Kilo*
da wäre ich theoretisch die Richtige
und als wäre das nicht genug
wird das »i« in Kürze runterfallen

In

Guatemala fließt der Rio Dulce
am Fluss liegt eine kleine Halbinsel
auf der Insel steht eine Hütte
die Hütte steht im Wasser
und in der Hütte ein Bett
auf dem Bett liege ich
in mir ein süßer Fluss
aus
Liebe

Furana

stand in ihrer Wohnwagen-Garderobe
kurz vor ihrem Auftritt

im Zirkus von Rio Dulce
während sich der Beginn der Vorstellung
wegen Starkregens um eine Stunde verschob
wurde der Schaffhauser
Kettensägenmassaker-Nachahmer
in Thalwil –
dem Schweizer Wohnort von Furana K. –
gefasst
nun konnte sich die übergewichtige Ballerina
ganz auf ihren Hochseilakt konzentrieren

Die
Post führt keine Briefmarken
weil sie gerade von privat auf staatlich
transformiert wird
vielleicht sollte ich Rauchzeichen geben
nach guter alter Maya-Manier
obwohl ich mir da auch nicht sicher bin
ob die das überhaupt gemacht haben
Winnetou zu gucken
erklärt nicht die indianische Geschichte
die teuren Yachten vor der Hüttn
tragen Namen wie
Flying Squad
Möbius
Aeolus IV
und
Regina Ozeani
wenn ihre Kapitäne
genauso flippig wie die Namen

ihrer Boote sind
kann ich mir die Anbändelei sparen
ich trage Nagellack mit dem Farbton
Shy Rose auf
man weiß nie
wofür's gut ist

Freitag
die *Vida Libre* läuft aus
da geht es hin
das freie Leben

Im
Etablissement *Illusions*
herrscht Hochbetrieb
eine miese Absteige in der Calle 14
für feuchte Träume im Stundentakt
an der Ecke steht ein Glitzergirl
und wartet auf den nächsten Freier
ich bin vom T-Bone-Steak vollgefressen
und würde im Grunde
auch eine Runde auf dem Gaucho vertragen

Vorm
Eisenwarenladen
steht einer mit der Knarre im Anschlag
ich kaufe einem Crack-Teeny
im KFC ein Hühner-Menü

gegenüber die Academia Mathematica
eine Szenerie ist mir fremder als die andere

Wenn
der Pilot bei der Landung in San José
zwei Meter überm Boden durchstartet
und dann fröhlich Runde um Runde
durchs Gewitter cruised
und du nach vier Stunden in Liberia landest
tröstet es dich nicht wirklich
dass das nicht in Afrika liegt

Zwei
Türen weiter huscht eine Nutte aus dem Zimmer
was mich dazu inspiriert
Tinder zu installieren
da ich dafür aber zu wenig Speicherplatz habe
ist die Frage nach der Samstagabendbeschäftigung
hiermit auch beantwortet

Bei
vielen Dingen behalte ich die Kontrolle
und die anderen assoziieren damit
automatisch etwas Negatives
Anhaftendes
ein Nicht-loslassen-Können
obwohl die
die die Kontrolle verlieren
das meist in Lebenslagen tun

in denen sie froh sind
dass wenigstens einer
die Kontrolle behält

Hier
oben auf knapp 4000 Metern
möchte man am liebsten
El Condor pasa singen
über einem hängen schwere Wolken
unter einem nichts als Vulkanasche
und die Gewissheit
dass man in naher Zukunft
selbst nichts anderes
als Asche sein wird

Du
singst du seist eine Endmoräne
die immer zuvorderst steht
und irgendwie trifft das auch zu
aber vor Augen habe ich eine Muräne
diesen aalartigen Fisch
mit scharfen Zähnen und unnahbar
glitschig und glatt
der angeschwommen kommt
und sich dann windet und mir
wenn ich zugreifen will
entgleitet

Der
Protagonist muss ein Ziel haben
und das Ziel warst du
und dass der Weg das Ziel ist
ist ein ziemlicher Schwachsinn
denn er war steinig
und führte in eine Sackgasse
inzwischen ist mir das Ziel abhandengekommen
jetzt steh ich im Labyrinth des Lebens
und finde den Ausgang nicht

Als
du meine neue Frisur nicht bemerktest
immerhin ein Unterschied von 30 Zentimetern
wusste ich, dass mein Bild bei dir
bereits verblasst sein muss
auch ich dachte immer weniger an dich
eine Tatsache, die man mitten im Sturm
bis aufs Blut abstreiten würde
ist das der übliche Lauf der Dinge
oder haben wir ganz persönlich versagt?
du sprichst von einer Alters-WG
mit deren Planung man früh genug anfangen müsse
und mir wird klar
unser Zug ist ein für alle Mal abgefahren
auch wenn ich noch nicht dazu bereit bin
unsere Akte endgültig zu schließen

In
einem Buch las ich
dass die Liebe eine schwere Vergiftung ist
ein Laster
ein Laster, das man teilen möchte
und wenn einer der Partner davon erfasst wird
wird der andere zum Mitläufer
man ist Opfer oder Besessener der Liebe
ich befürchte, ich bin beides

Liebe
Angstzustand
Wartehaltung
latentes Leiden
Überborden
Fetischismus
Phantasiegebilde
sich erniedrigen
sich suhlen
in unbestimmtem Glück
in Selbstmitleid
sich verlieren
wiederfinden
dazwischen
grausame Klarheit der Sinne
bis zur nächsten Verirrung
sich verströmen wollen
verschenken
verschwenden
Leidenschaft
bis zur Verwüstung

Erschöpfung
der Auslöschung der Seele
und doch der Drang
mit allem fortzufahren
oder aufzuhören
ein für alle Mal
Zerstörung
des anderen
des Selbst
Schmetterlinge und Fledermäuse
Lust und List
Schmerz und Rache
Verschmelzen
Lügen
Verrat
Eifersucht
Verzweiflung und Fest der Sinne
Leere im Kopf
Abhandensein der Gefühle
fiebrige Rückfälle

Borneo.

Wo die Iban noch ein Mensch ist.

Wenn
ich im Flugzeug sitze
und die Turbulenzen gehn los
gerate ich regelmäßig in Panik
nicht, weil die Kiste kopfüber in den Ozean
oder aufs Rübenfeld bei Leuna stürzen könnte
eher weil die Chancen gut stehn
dass ich schlappmache
bevor wir sicheren Boden berühren
das Wetter ist immer beschissen
und die Getränke schwappen beängstigend
über den Rand ihrer Peripherie
wie können die Leute nur
so fröhlich fressen und saufen
während der verdammte Vogel
durch unsichere Gefilde schlingert
und der Captain seine Hand
behende vom Steuerpult löst
und auf den Schenkel des Ersten Offiziers legt?
ich bin ein Psycho
daran besteht kein Zweifel
nur diese Einsicht
lässt mich das nächste Luftloch überstehn
ich krame in meinen Hosentaschen
nach meinen Beruhigungsdragees
die sicher genau dann wirken
wenn die Turbulenzen durch sind
diesen Text schreibe ich auf eine Kotztüte
von der ich hoffentlich nicht
Gebrauch machen muss
wär schade um das schöne Gedicht
ich wanke zur Toilette

und knalle beim Hose hochziehn
mit dem Kopf gegen den Papierspender
Mal ehrlich: Wer in Flugzeugtoiletten vögelt
ist wirklich ganz unten angekommen

Man
vertraut sein Leben
irgendeinem Fremden an
der über halbfertige Buckelpisten fegt
schlaff dümple ich auf dem Rücksitz der alten Karre
hänge in den Seilen
die manchmal vielleicht nur
ein seidener Faden sind
am Steuer ein Irrer
an dessen Kinn
ein langes silbernes Haar wächst
da wird sich bald ein Minirapunzel abseilen
und sich durch Palmölplantagen
über die grüne Grenze
ins indonesische Hinterland schlagen
wir haben Geschenke für die Iban dabei
das ist malaiisch und heißt Mensch
nicht mehr lange
und sie kommen auf den Trichter
und richten sich eine International Bank Account Number
ein

Im
Radio spielen sie
Wind of Change

einen der beschissensten Songs der Neuzeit
Flitzpiepe Klaus Meine dachte
er habe damit die Wende eingepfiffen
als er der Moskwa runter zum
Zentralen Maxim-Gorki-Park für Kultur und Erholung
folgte
was soll das überhaupt sein
wind of change!
Fürze aus dem Klimakterium?
dann doch lieber *Sturm der Liebe*
for peace of mind
let your balalaika sing
Ja Klausi
des Russens Balalaika
heißt Kalaschnikow
die Putin stolz zu Pferde
vor seine nackte Hühnerbrust hält
das ganze Brotherhood-Gedöns
was du überall gespürt haben willst
blowing away isses
with the wind of change
dass man selbst in Borneo
nicht vor Scorpions verschont bleibt
das sollte das Auswärtige Amt
mal in seine Reisewarnung schreiben

Gestern

Nacht im Traum
hat sich deine Frau von dir getrennt
ohne dich zu fragen
hat sie einen Job

in einem Land namens Brüsselien angenommen
und hat dich sitzenlassen
leicht benommen standest du vor mir
in einem weißen Hemd
dein Blick unschuldig und zugleich zerrissen
Dann bin ich ja jetzt frei für dich
sagtest du und hast meine Schulter geküsst
leichtes Entsetzen machte sich in mir breit
ich wusste nichts darauf zu antworten

Ich

sitze im Regenwald von Borneo
dem Rest, der noch nicht abgeholzt ist
kein Internet
kein Fernsehen
niemand
der einem auf die Eier geht
vor allem keine Vollidioten
die meinen, Influencer sei ein Beruf
oder einer ihrer lächerlichen Posts
sei auch nur ansatzweise von Belang
und Follower!
diese trübe, anonyme Masse
die den Influencer jederzeit
in den Abgrund stürzen würde
wenn ein neues Trendsetter-Arschloch
seinen mentalen Senf
in die Atmosphäre zwitschert
wohin folgen die denen eigentlich?
ich sitze noch immer auf meiner Veranda

und auch sexuell ist nichts zu erspähen
wofür es sich lohnen würde
sich aus dem Tropenholzsessel zu erheben
die Hitze und die Feuchtigkeit
verbieten jede Art von Aktion
was mir sehr entgegenkommt
ich warte auf den Gong zum Essen
und es wäre schön
wenn es auf Rädern angerollt käme

Viele

regen sich nicht mehr
sondern höchstens noch auf
die Wichser in Borneo
sollten endlich aufhören
den Regenwald für Palmölplantagen abzuholzen
während sie Mars und Snickers
und Schokolade in sich reinstopfen und
Tiefkühlpizza
Nudelgerichte und
Knorr-Tütensuppen schlürfen
Schokokekse ablecken
ihr Müsli knabbern
und Margarine und Nutella
auf ihr glutenfreies Biobrot aus der Region schmieren
die ihre Wäsche mit Ariel und Persil waschen
und sich selbst mit Seife oder Dove
für die porentiefe Reinheit
und die weiße Weste
und Nivea für den zarten Babyarsch
oder das faltenfreie Arschgesicht

und das alles bitte günstig
und scheiß auf die Nachhaltigkeit
und scheiß auf die Plantagenarbeiter
ach scheiß doch auf den Regenwald
WIR holzen ihn ja nicht ab
es reiße der die Fresse auf
der zuerst komplett palmölfrei[1] lebt

Du
schenktest deiner Gattin zum Geburtstag
eine rotlackierte Rührmaschine namens *Artisan*
bei Küchengeräten hört der Spaß nun wirklich auf
wenn vor dem *A* wenigstens ein *P* stehen würde!

Seit
einiger Zeit kann ich auf WhatsApp
nicht mehr sehen
wann du zuletzt online warst
was mich auch nicht wirklich interessiert
ich finde es eher amüsant
dass du die Möglichkeit
diese Funktion abzustellen
erst so spät gecheckt hast
was muss sich deine Frau gedacht haben
in all den Monaten

---

1 laut Greenpeace führt ein durchschnittlicher mitteleuropäischer Supermarkt rund 800 Produkte, in denen Palmöl verarbeitet wurde

als wir täglich bis in die Morgenstunden
virtuell miteinander verkehrten
wenn's ihr nicht egal war
was nach so vielen Ehejahren durchaus eine Option ist
wusste sie wahrscheinlich alles
und du wusstest, dass sie alles weiß
weil sie nicht blöd ist
oder du es bist und ihr alles erzählt hast
nur ich war vermutlich die Einzige
die mal wieder nicht wusste
was wirklich Sache ist
dabei wollte ich dich gar nicht für mich allein
das hätten meine Nerven gar nicht mitgemacht
oft genug habe ich betont
dass du ihr bleibst
und vielleicht warst ja du derjenige
der sich dieser Konstellation entzogen hat
und sie ist cooler drauf
als du mir weismachen wolltest
in der Regel sind die Männer die Pfeifen
die große Pläne zum Platzen bringen
mittlerweile rückt dein Name
in der WhatsApp-Liste beängstigend weit nach unten
ein untrügliches Zeichen dafür
dass bei uns weitreichende
verkehrsberuhigende Maßnahmen zum Tragen kommen

Allein

unter Chinesen
der Mount Kinabalu
lacht hinter seinem Nebelschleier

R. kapitulierte am ersten Stopp
zog sich zurück ins Basislager
eskortiert von einem Police Officer
als sei er der Kaiser von China
auf dem Weg in die Verbotene Stadt

*

der Chinesenführer faselt sich das Spitzmäulchen fusselig
auf seinem Shirt steht *Fun Boss*
witzig ist das nicht
mein Führer ist tätowiert und metallbestückt
als käme er gerade aus dem Arbeitslager Masanija
unter Mao wäre er exekutiert worden
sein Name ist Ding Ding
und vielleicht ist das ja Mandarin für Sing Sing
aber eigentlich steht Ding für Piercing
konsequenterweise müsste er also Ding Ding Ding Ding
Ding heißen
die Dunkelziffer außer Acht gelassen
sein Basic English
klingt wie Thailändisch von einem Sprachbehinderten

*

Hongkong und Taiwan
aus Sitzreihe 6
kotzen unterdessen in braune Plastiktütchen
der Berg scheint Monde entfernt
und noch elf Stunden
auf dem Schaukelschlachtschiff
das sich über Buckelpisten in die Höhe wackelt
und beängstigend nah am Abgrund schwankt
für die Umkehr ist es längst zu spät
R. wollte was unternehmen
und jetzt sitze ich allein unter Chinesen

die die Weltherrschaft schon längst an sich gerissen haben
die Funktion von Führer 3 bleibt unklar
er frisst und grinst und gähnt und schläft
vielleicht der von Peking entsandte Parteifunktionär
damit alles einigermaßen auf Linie bleibt

*

irgendwo unterwegs wollen alle Fotos von mir machen
und schenken mir Miniaturbananen
als sei ich ein Äffchen
das es bei Laune zu halten gilt
seit sie meinen Namen kennen
habe ich das Gefühl
alle reden über mich
im Bus läuft ein Prügelfilm mit James Franco
der sich durch Mangrovenhaine kämpft
die Audienz pennt
und ich bete, dass der Fahrer die Schlucht verfehlt
im ausgebrannten Bus befand sich neben 35 Chinesen
auch eine Deutsch-Schweizerin
dann hätte ich endlich mein Alleinstellungsmerkmal
aber hinterm Jordan interessiert das wohl wenig
alle sorgen sich um meinen Ehemann
den zurückgelassenen
der olle Deserteur
aber sie sorgten sich besser mal um mich
oder sich selbst
wenn ich in Kürze ausraste
die überraschende Intervention der Südwesteuropäerin

*

auf einer Milchkuhfarm
berichtet mir Ding Dong
von seinen Erlebnissen mit thailändischen Ladyboys

und ich überlege, ihm auch meine zu erzählen
lass es aber besser
denn die fünf Lesben aus Taipei
docken gerade vorsichtig an
Li Lin ist Vegetarierin
mehr lässt sie mich nicht wissen
mehr is' vielleicht auch nicht
und die Familie aus Hongkong
referiert über die Ernährung von Koalabären
Frau Ho war mal bei der UBS Zürich angestellt
und Schweizerdeutsch sei ja *no language*
sagt die mit der Katzensprache
ich krieg Sodbrennen
mi hau, xièn xíèn
und noch acht Stunden bis Buffalo

*

überall sind die Vorhänge zu
ich kann den Abgrund nicht mehr sehen
was es nicht unbedingt besser macht
katholische Schulen am Wegesrand
Kinder beten schon mal das Vaterunser
der Regen hat sich verzogen
mein Arschfleisch ebenso
unerbittlich rücken wir dem Endziel entgegen
der Berg, der am Morgen noch so nah zu sein schien
Dingeldingdong zählt die Schäfchen
noch sind sie vollzählig
schon längst ist keiner mehr angeschnallt
wenn wir verunfallen
dann bitte richtig
ich glaube ich werde blind
kann aber auch an der Scheibe liegen

draußen flimmert die Mittagshitze
drinnen riechts ein bisschen nach Hund süßsauer
Dongding sei zu 43 Prozent local und 62 Prozent
Chinese
und ich überlege wie das geht
komme aber zu keinem Ergebnis
ich widerspreche aber nicht
mit einem 105-Prozentigen
mit spitzen Gegenständen im Gesicht
legt man sich besser nicht an
beim Lunch stopfen die sich am meisten
die vorher gekotzt haben
die kleinen Pekingentchen
es muss ja nachgelegt werden
fürs nächste Tütchen

*

Dingelchen jagt mich bergauf
über bedrohlich schwankende Hängebrücken
die über klaffende Tiefen, Täler und Schluchten baumeln
die Chinesencrew weit abgehängt
noch am Verdauen
und ich bin kurz vorm Kollaps
You look healthy sagt er frohlockend
und springt wie ein Reh übers Brückchen
knallrot und triefend trifft es besser
im Eisteich meine ich zu dampfen
vielleicht sind's auch die heißen Quellen
am Rand traurige Damen im Ganzkörperkopftuch
entsetzt schaun sie der drallen Halbnackten beim
Planschen zu
während ihren Muselmanengatten die Zungen auf die
Fliesen klatschen

ich hatte seit 5 Jahren keine Freundin mehr
jammert Dongelding
ich empfehle Metallminimierung in der Visage
trägst du keine Unterwäsche? fragt er dann
das hat er richtig erkannt
wird ihm aber auch nichts nutzen
dann bricht ein Wolkenbruch aus
der mir grade recht kommt
und alle doofen Fragen wegschwemmt
nach zehn Stunden
endlich der verfickte Berg
gefühlte 12 Grad
und Regen überm rosa Schirmchen
ich genehmige mir ein Heißgetränk
ich
zwei Dutzend Chinesen
und der Berg
er ist wolkenverhangen

Zurück in Zürich.
Business as usual.

Gestern
wollte ich auf Facebook gucken
was du so treibst
und da ist mir für einen kurzen Moment
dein Name nicht eingefallen
und plötzlich war mir egal
dass du meinen Geburtstag vergessen hattest
und dich auch sonst mehr als rar machst
unser Interesse aneinander
hat sich in Luft aufgelöst
die über einem sanften Bett
aus Nichts wabert

Um
zu überleben
müssen die Menschen
an den meisten Orten der Welt
viel improvisieren
wir hingegen müssen nur
den Überfluss verwalten
und selbst damit
sind wir heillos überfordert

All
die Menschen
die nichts am Hut haben mit mir
all diese Menschen
mit denen ich nichts gemein habe
außer das Menschsein
aber das genügt nicht

wir scheinen wie Milliarden Vertreter
fremder Galaxien
die man wahllos für ein großes Experiment
auf die Erde geschüttet hat
um mal zu gucken was passiert
vielleicht sind die Initianten inzwischen verstorben
oder haben zu viel Blut geleckt
um das Spiel zu beenden
wir sind uns selbst überlassen
und ich glaube nicht
dass wir das noch lange hinbekommen

Gestern
war der Telefontechniker da
ich hatte etwas Attraktives erwartet
aber es kam ein Nerd
der meinen Kaffee soff
und mich 40 Minuten lang volltextete
er ließ ein bisschen Kimme blitzen
während sein Gerät
meine Dose testete
und auf dem Telefon
erschien dann der Wetterbericht
von Moskau

Kürzlich
sah ich dich
in der Straßenbahn
ich gebe zu
für einen kurzen Moment

blieb mein Herz fast stehn
ich erwog
an deiner Station auszusteigen
um dir zu folgen
einfach um zu sehen
was oder mit wem du es jetzt treibst
oder dich vielleicht auch zu rufen
und zu fragen
warum zum Henker
du dich einfach nicht mehr gemeldet hast
nach all dem
was zwischen uns (nicht) war
dann fiel mir wieder für den Bruchteil einer Sekunde
dein Name nicht ein
da wusste ich
der Ofen war definitiv aus

Morgens

stehe ich auf
was mir nicht mal sonderlich schwerfällt
obwohl ich im Grunde liegenbleiben könnte
denn ich habe nichts zu tun
ich habe keinen Job
was mich aufregen, deprimieren
oder in Panik versetzen sollte
aber es ist mir egal
im Gegenteil: ich bin froh, aus allem raus zu sein
ab und an schreibe ich IT-Artikel
oder Rezensionen zu Büchern
die ich freiwillig nie lesen würde
nicht, weil's mich interessiert

sondern weil ich's kann
ich warte auf meine Tage
ich bin überfällig
wahrscheinlich sind's die Wechseljahre
Wechseljahre –
dämlicher Begriff
ich wechsle nichts
weder Geld noch die Wäsche und auch nicht meine
Identität

manchmal formuliere ich im Kopf ein Gedicht
aber bis ich mich aufraffe
es aufzuschreiben
ist's mir meistens entfallen

um 5 nach 3 gucke ich *Bares für Rares*
für gewöhnlich der Höhepunkt des Tages
die Händler sind Gentlemen alter Schule
sie begrüßen die Frauen mit *gnädige Frau*
und verabschieden sie mit *auf Wiedersehen die Dame*
simple Anstandsformeln, die ich schon länger vermisse
ich überlege, was ich veräußern könnte
aber ich kann mich von nichts trennen
und müsste für die Sendung nach Köln fahren
also lass ich's bleiben
auch wenn dort mein erster Freund lebt
und ich mir denke, dass es schön wäre
ihn mal wieder zu treffen
aber er hat eine Frau und keine Haare mehr
also kann ich mir das auch sparen
gegen halb fünf mache ich einen späten Nachmittagsschlaf
ich bin immer müde

das liegt wohl an der Lungenentzündung
die ich mir in Guatemala zugezogen hatte
vielleicht bin ich aber auch nur einfach so träge
weil ich alt werde
oder endlich mal Zeit habe
und dreißig Jahre Schlafmangel kompensieren muss
morgen muss ich aufs RAV
wenn man das laut ausspricht
klingt das wie eine Terrorgruppe aus den 70ern
und irgendwie trifft das auch zu
ich mag keinen sehen
und nirgendwo hingehn
oder Rechenschaft ablegen

alle zwei Tage kaufe ich Lebensmittel ein
damit ich mal rauskomme
oder nicht verhungere
obwohl Letzteres vermutlich Monate dauern würde
ich gieße regelmäßig die Pflanzen
und wasche mir die Haare
manchmal rasiere ich mich auch
obwohl nicht davon auszugehen ist
dass sich ein Beischläfer bei mir verirrt
im Internet könnte ich nach einem Partner suchen
das Problem beim Parshippen ist
dass sich alle 19 Minuten immer nur *ein* Single verliebt
das ist meines Erachtens nicht zielführend
ich gucke dann doch lieber einen Porno
da muss nach dem Kommen keiner gehen

gestern habe ich *Wer weiß denn sowas?* verpasst
dabei kann man da lernen

wie man unnützes Wissen schnell wieder vergisst
meist halte ich mich zwischen
Tagesschau, Two and a Half Men und
Medical Detectives nur schwer wach
aber die Hintergrundberieselung gefällt mir
es ist fast so, als wäre man nicht alleine

es erfüllt mich mit Freude und Erleichterung
dass ich morgen nicht uns Büro muss
die Kasse zahlt
wenn auch nicht Ewigkeiten
und nicht zu müssen ist ein bisschen langweilig
aber ungemein befreiend

für die Jobs, für die ich mich bewerbe
passe ich immer knapp nicht ins Profil
obwohl ich die geforderten Skills mehr als erfülle
die soften und erst recht die harten
ich vermute, das liegt am Alter
wenn sie dich in der Anzeige schon mit Du ansprechen
ein Du, das unter 35
und Teil eines urbanen Lebensgefühls ist
ist für dich Hopfen und Malz verloren
diese HR-Schlampen
halten sich für den Mittelpunkt der Welt
aber mit Journalismus gegen Wasserstoffbomben
von Kim Jong-un ankämpfen
ist eh ein bisschen lächerlich
Hopfen und Malz sind da sehr hilfreich
bei jeder Absage atme ich erleichtert auf
vielleicht werde ich Influencer
Influencer, das kommt gleich nach Bedenkenträger

oder Globuli-Vertreter
wo keine Wirkung, da auch keine Nebenwirkung
Influencer!
Nichtsnutze der Gesellschaft
die sich über die Anzahl ihrer Vollid..Follower definieren
und Einfluss auf nichts und niemanden haben
einem aber trotzdem pausenlos auf die Eier gehen
es soll ja Leute geben
die meinen
das sei ein Beruf
In flu enza!
ich hoffe mal, Ihr seid geimpft!

wegen der Political Correctness
nennt man Unsereinen heute Arbeits*suchende*
dabei suche ich gar nicht
oder nur in den seltensten Fällen
seit ich nicht mehr rumstressen muss
bin ich tiefenentspannt
und habe auch keine Probleme mehr mit dem Stuhlgang
ich scheiße alles zu

ich öffne meine Agenda
und die ist fast leer
ist das etwa das Glück
von dem immer alle reden
das dir aber kaum jemand erklären kann?
letzte Woche haben sie Ovomaltine-Proben verteilt
aber es ist eine Lüge
dass man damit länger kann
ich bin schlapp wie immer
und das erste Mal im Leben

tue ich nichts gegen diesen Zustand
das Recht auf Schlappheit
sollte in der Verfassung verankert sein
ich simuliere ein bisschen das Leben
wie Tänzer kurz vor der Premiere
um ihre Kräfte zu sparen
und sich nicht für eine Hauptprobe ohne Zuschauer zu verausgaben
der Winter ist komplett an mir vorbeigegangen
und schon wird es Zeit
sich auf die Frühjahrsmüdigkeit vorzubereiten
das Einzige, worauf ich warte
ist eine neue Staffel von *House of Cards*
in der Kevin Spacey endlich wieder durch-greift

Tut
mir leid, Freunde
ich saufe nicht
ich bin nicht arbeitsscheu
und nehme keine Drogen
ich hure rum
das muss genügen

Drei
Chinesen ohne Kontrabass
saßen in der Oper in Reihe 12 und schliefen
auf der Bühne battelten Sopranistin und Altistin
sich einen ab
und in der dritten Loge links saß die Schauspielerin mit
den roten Haaren und dem unfassbar großen Mund

deren Name mir nicht einfallen wollte
vielleicht wars auch ihre Mutter
oder irgendeine abgetakelte Primadonna
ich hatte das Opernglas nicht dabei
dafür eine Perlenkette um
mit der ich mich um ein Haar stranguliert hätte
meine Nachbarin zur Rechten dünstete aus
während die zur Linken gegen den Takt füßelte
ein Teenagergirl fächerte mit dem Programm
als säße es im Vorhof zur Hölle
ein paar Kinder nickten ein
nachdem sie sich zum Cembalo einen abgezappelt hatten
an dem saß ein Mann mit Jogi Löws Frisur
und der Visage meines Exfreunds
keine gute Kombination
der Herr Kapellmeister streichelte sein Spinett
und ich stellte mir vor, das Spinett sei ich
das kam gut
lenkte aber auch nicht genug ab
was zum Teufel ist ein Continuo?
wahrscheinlich die indische Riesenlaute
und welch Gedanken Scarlatti auslöste!
immerhin löste er was aus
wenn auch keine Ohnmachten mehr
die Korsette sind heute zu locker gebunden
und das Vorhangbild ließ Tiefe vermissen
um wirklich räumlich zu erscheinen
da waren mal wieder Dilettanten am Werk
für einen Moment erschrak ich
weil über mir ein Säuglingsfüßchen baumelte
aber es war nur das Bein eines fetten Engels vom 1. Rang
die dritte Geige sah aus wie Christina aus *Grey's Anatomy*

und am Cello saß eine lesbische Häsin
ein Dreier mit ihr und Scarlatti käme mir recht
die zwei Grazien sangen dazu
etwa 50 Mal das Schlusswort: AMEN

Der
betörende Duft von süßem Wind
in dem rosa Kirschblüten zu Boden torkeln
ein Rotkehlchenmann sitzt im Mandelbaum
noch ungeschützt vor Räubern
pfeift er ungeduldig die Liebste herbei
frischer Rasen verdrängt braune Erde
und eine Ameisenkolonie trägt die Reste eines Apfels
in den Sonnenuntergang
an der Kreuzung surrt ein Tesla
und der Italiener gegenüber poliert seine Corvette
in deren Postautogelb sich ein Rabe spiegelt
der Winter hat ausgespielt
unwiderruflich
selbst die Gedanken werden lieblich
Goethes blaues Band flattert durch die Lüfte
Möglichkeiten tun sich auf
werden wir sie wahrnehmen?

Gerade
noch war ich doch 35
und schon stehen die Ziffern
in umgekehrter Reihenfolge
ich erinnere mich
wie du nackt in meinem Salon

vor mir standest
mit dem Blick eines Ungläubigen
und *Gott! Siehst du jung aus!* säuseltest
vermutlich war mein Anblick
auch den geschickt inszenierten Lichtverhältnissen
geschuldet
Gott hatte jedenfalls nichts damit zu schaffen
ich habe wochenlang nicht an dich gedacht
weil du dich monatelang nicht gemeldet hast
und just als ich einen Haken hinter alles gemacht hatte
trittst du wieder aufs Tapet
mit eigenartigen Schnappschüssen und
kryptischen Gedichten
die nur eines bewirken
nämlich Fragen aufwerfen
sie klingen nach Vorwürfen
aber es bleibt unklar
ob du sie an mich oder an dich selbst richtest
da ist die Rede von vergessen und bereuen
und Vergangenheiten
die uns einholen
aber ich weiß nicht
wem welcher Part zuteilwird
ich habe wenig vergessen
und bereue nichts
und die Vergangenheit gehört abgeschüttelt
wie der letzte Tropfen beim Pinkeln
weil sonst alles in die Hose geht
du singst unsere Hits immer wieder, schreibst du
Hits, die gar keine Hits wurden
auch, weil du das verhindert hast
ich habe da schon lange nicht mehr reingehört

Goldies but Oldies
und ich denke
alles hat ein Ende
selbst die Wurst
und dass du mir egal bist
dass es mich nicht mehr tangiert
wenn ich deine Stimme
in der Werbung höre
oder wenn ich in der Oper sitze
der erste Satz in Händels *Belshazzar*
mit deinem Namen beginnt
ich möchte dir antworten
doch dann finge alles wieder von vorne an
und wenn es nochmal dahinführt
wo wir jetzt stehen
dann will ich lieber einen Besen fressen
und da ich keinen Besen habe
und ein Saugroboter so schlecht zu schlucken ist
lass ich's bleiben
auch wenn ich nicht weiß
ob es das Klügste ist
was ich je tat
oder der Fehler meines Lebens

Ich
reise
reise
reise
was bleibt
ist
Liebe